此人進廠維修中！

為心靈放個小假，安頓複雜的情緒

陳志恆——著

推薦序

正因為知道自己的脆弱，所以有機會壯大

王雅玲

喜歡自己是一生的課題。喜歡完美的自己，已經夠難；要接受不完美的自己，更難。

生命什麼時候會出現這樣的黑洞：憂鬱、恐懼、憤怒、委屈、嫉妒，我們誰也沒有把握。或許我們現在還好好存活著，是因爲我們總知道如何撥雲見日，總會學習粉飾太平，會埋頭自顧自地扮演鴕鳥，在該軟弱的時刻選擇了堅強，牙一咬，就又見到天光。我們總喜歡成功圓滿的故事。

可是，這不是眞正的人生啊！有時我們軟弱，我們孤單，我們寂寞，我們愧疚，這些情緒，反而讓我們多了一些對人性的哀傷和悲憐，對生命也就多了寬容。而且，絕對無損於我們身爲人的價值和尊嚴。

我們始終要面對「自己」這個課題，我們並不像自己想像的那麼了解自己。

地震中要捨身救人還是抱頭逃跑？分手時理性平和還是玉石俱焚？換了位子仍堅守自我還是順便也換了腦袋？

當人生的考驗接踵而至，我們才有機會在眾多紛雜的抉擇中了解自己，我們比自己想像的美好，也比自己知道的不堪。但，我就是我。

常常是不管內在如何毀壞，可是外表仍堅強地支撐著；雖不若金玉華美，但其中殘破不堪的部分的確隱藏住了，我們終究永遠無法明白每個人心中最深沉的恐懼，我們只能小心翼翼行走在人間，臨淵履薄地踏出每一個步伐。正因爲我們知道自己如此脆弱，我們才有機會讓自己堅強壯大。

而現在有一個人，帶領我們更有系統地面對這一切情緒，處理這絲絲縷縷的、連自己都理不清的矛盾複雜，以他的專業，讓我們學會跟自己相處，學習開始溫柔地與自己內在對話。

他寫下了一個又一個故事、記錄了一次又一次對話，提供了一項又一項技巧，用他對生命的理解和關懷，融入專業的輔導與諮商技巧，提煉出足以與混亂抗衡的智慧，爲人們找到一道又一道光，引領著各種型態的互動關係，步步前行。

志恆是因爲形象過於正直有爲、溫文儒雅而險被我誤歸在「無聊類」的有趣朋友，直到我發現他居然害怕荷包蛋，我才開始對這個人感興趣，進一步有幸看見這位溫暖專業、帥氣有型的輔導老師的成長蛻變，不斷自我突破、永遠充實精進，並且樂於分享。

所以，要謝謝荷包蛋，讓我認識一個獨一無二的輔導界諧星暖男！讓我有機會看見這本好書，並寫下這些文字爲他祝福。

（本文作者爲《別怕，白雪老師在這裡》作者、亞洲巡迴講師、彰化陽明國中退休教師）

推薦序

實際應用「簡快療法」的絕佳入門

賴明正博士

神經語言程式學（Neuro-Linguistic Programming）簡稱「NLP」，是一門脫胎自後現代心理學的技術，也是一門研究人類主觀經驗的學問，而「仿效卓越」是NLP學問的核心精神。本書作者陳志恆先生是臺灣NLP學會的常務理事，也是臺灣優秀的督導級心理諮商師。

在過去幾年裡，我時常與陳志恆先生進行交流，聽陳志恆先生分享NLP在心理諮商的應用是令人感動的，藉此得知臺灣心理諮商界在理論和心法層面早已與世界同步，同時也面臨諮商界臨床技法不足的困擾。

從二〇一四年底起，臺灣NLP學會數次邀請了華人之光——NLP系統動力派開山祖師李中瑩先生及弟子來臺交流。李中瑩先生分享了從NLP衍生而來的「簡快身心積極療法」（簡稱「簡快療法」）等的相關內容，大會期間，李中瑩先生將傳統NLP治療應用，從技術本位架構，轉向以人爲本的關係架構，並於現場進行處遇示範，我們對個案所產生的快速轉變效果驚嘆不已，使我們對這個以NLP爲主體的綜合應用技術產生高度興趣。

從二〇一五年起，臺灣NLP學會特別邀請李中瑩先生指定的張曉紅女士（中國心理諮詢師）來臺，進行爲期共十二天的工作坊，首次將中國大陸心理諮商界常用的「簡快療法」引進臺灣，使原本NLP的仿效卓越精神，在避苦得樂的技術上得到更多發展。

本書可說是陳志恆老師在實務上應用「簡快療法」的代表著作。同時，藉由本書的出版，讀者或許可以彌補無法到場學習的遺憾。

最後，也歡迎有興趣學習NLP相關應用技術的朋友們，加入臺灣NLP學會，爲建設美好的和諧社會共盡心力，創造三贏。

（本文作者爲社團法人臺灣NLP學會理事長）

自序

接受不是認同，而是「允許存在」

最近，我們常聽到「接受自己」這個概念——接受自己的完美與不完美，以及發生在自己身上好的或壞的所有事情。

對許多人來說，接受自己光明美好的一面很容易，要接受陰暗醜陋面卻難如登天。

我是一個諮商心理師，也是學校的輔導教師。許多個案與我討論他們的困境時，最後常對自己做出這樣的結論：「我覺得我一事無成，完完全全是一個失敗的人！」

如果你告訴他們得先接受自己，他們會氣急敗壞地說：「我爲什麼要接受一個如此糟糕的自己？」

勵志書籍上常說，接受是改變的開始。接受自己的缺陷、接受自己目前的困境、接受自己能力的極限、接受自己就是無能爲力、接受自己就是不如人、接受自己是如何討厭自己……「接受」，代表有了「覺察」，而不是視而不見、避之不談，便不會再花費大量力氣去排拒這些不夠好的自己。

另一方面，許多人從小在家庭中沒有被善待，長大後對自己的父母充滿怨恨，總是無法接受父母。然而，我們的生命是通過父母而來的，不接受父母，等於不接受自己的生命，當然不會欣賞或肯定自己的生命，也不會過好自己的人生，總是有意無意地搞砸自己人生追求成功快樂的機會。

爲什麼，有時候「接受」這檔事是如此困難？**因為我們常常誤以為「接受」就是「認同」，當錯把接受當認同時，人生就會卡關**。

「認同」是帶有評價的，有是非、對錯、好壞之別，符合我們信念／價值觀的便容易認同，格格不入者便敬而遠之。

「接受」，則是不帶評價，如實承認某些事物的存在。這樣的存在，沒有好壞的區隔、沒有高尚與低劣的差異。接受，是我們給出了一個空間，「允許」某些狀態的發生，無論好壞。

你可以不認同與你意見相左的人的觀點，但你卻可以接受這樣的觀點確實存在；你可以不認同某些法律的精神，但你卻可以接受這些法律在你身上確實發生了影響。所以，認同和接受是有著不一樣的意涵的。

當我們明白了這點，便會發現接受的力量。許多人都有這樣的經驗：長期爲失眠所苦，想方設法要自己一夜好眠，總是不得其門而入；越是想著如何能睡著，越是清醒得很。往往在放棄了設法入睡的企圖，同時承認自己就是難以睡著時，失眠的困擾卻奇蹟似地被擺脫了。

面對情緒，也是一樣的道理。

我們的內在有無限的智慧，許多身體上或心理上的痛苦，其實是一些訊號，想對我們傳達某種訊息。**當你願意接受這份痛苦、承認這份痛苦的存在，並允許這份痛苦有個存在的空間時，便能客觀、中立且不帶評價地觀察這份痛苦所要傳遞的訊息，而從這些訊息中讀取出意義**——這便是要我們學習的地方，於是我們有了改變或努力的方向。

這也是這本書所要傳遞的核心概念——**允許你的情緒存在，把用在對抗負面**

情緒的力量拿回來，放在理解情緒所帶來的訊息上，從而獲得學習與成長。

我們討厭負面情緒，不論是愧疚、自卑、憤怒、憂鬱、恐懼……等，總是令我們避之唯恐不及。然而，負面情緒從來不是問題，造成問題的常是我們因應負面情緒的方式。

例如，我們害怕後悔，於是我們總是不願意冒險，總是在做決定時猶豫不決，最後做出最保守的選擇。我們卻錯過了許多機會，難以自我突破——我們仍然活在後悔之中。

而當我們能夠理解，「後悔」這份情緒其實只是要告訴我們，現階段的選擇行不通，該轉個彎，做點不同的決定，就又有了新的開始。你會知道，後悔並不是壞事，只是個提醒，要我們做出新的選擇。

不過，唯有靜下心來，允許這些情緒存在，讓不斷對抗情緒而故障受損的心靈「暫時停機」，進廠審視檢修一下，我們才能真正聽懂情緒傳達出來的訊息，同時更清楚地看到，自己是如何一再重複那無效卻帶來更多麻煩的「情緒因應模式」。

這是一本探討情緒的書，列舉了十個生活中常見的負面情緒，包括：愧疚、委屈、嫉妒、後悔、孤單、恐懼、憤怒、憂鬱、失落與自卑。在探討每一個負向情緒時，同時也帶入一些與特定情緒相關連的生活議題，各項議題其實都圍繞著「關係」，包括與父母的關係、與子女的關係、與親密伴侶的關係、與朋友的關係、與大千萬物的關係，以及最重要的——與自己的關係。

因此，這本書與其說是在講情緒管理，不如說是探討如何與情緒共處，更進一步地，是要從情緒經驗中獲得人生智慧，與人生中的每份關係連結得更好。

貫穿本書背後的理念，是來自於「簡快身心積極療法」的觀點與技術，這是探討本書各項議題時的立論基礎。

「簡快身心積極療法」（簡稱「簡快療法」）是由香港NLP及心理治療大師李中瑩先生，以神經語言程式學的精神與技術爲基礎，結合了家族系統排列、本體心理學、能量心理學以及李中瑩先生個人的研究與見解，所形成的一套以技術爲本位的心理治療學問體系。

爲幫助讀者除了理解與吸取書中的概念及知識外，更能在實際生活中有更多提升，在每一章的結尾，都附有一項心理自助技巧練習，做爲解決生活困擾、突破人生困境、拓展內在力量，或者增進自我了解的實用工具。這些技巧也多來自「簡快療法」的技術，其中還包括部分NLP技術。

「簡快療法」的特色爲實用、易學及可操作性高，因此讀者可以照著書中的操作步驟，獨力完成這些練習，甚至運用創意，變化操作方式，都能收到不錯的效果。因爲，簡快療法強調靈活與彈性，最有彈性的人往往具備最多選項，最能有效因應生活中的困境。

書中有許多案例故事，有些是大家熟知的新聞事件，有些取材自身旁親友的經歷，更多的靈感來源，是從事助人工作時個案本身的人生故事，以及我與個案之間的互動經驗。透過這些案例，使枯燥的理論概念有了溫度，讓本書的內容更顯豐富精采。而書中所列舉的案例，若取材自個案，皆是經過一定程度的改寫，或者從多個故事版本融合爲一，目的是在保護當事人，並符合助人工作倫理。

由衷感謝曾經出現在我身旁，以及在實務工作中所遇到的人們，是你們幫助我不斷反思與沉澱，更加洞悉人性，對於情緒行爲的運作模式有了更清晰的輪廓。

我也才有機會將所思所感，一一轉化爲文字，最後使這本探討如何與情緒共處及從情緒中學習的作品問世。

最後，僅以此書獻給永遠支持著我，帶給我滿滿愛與力量的父母。

第一章　學會交還責任，做到課題分離

談愧疚

第二章 做自己的父母，彌補成長中愛的缺失

談委屈——

第三章　爲什麼我們討厭比較卻又老愛比較

第四章　你永遠無法爲你的人生買保險

第五章　有人陪很好，一個人也很自在

談孤單——

第九章 重整逝去的關係，學會眞正的道別

談失落

第十章　何妨再次爲自己種下新的希望種子

談自卑——

第一章
學會交還責任，
做到課題分離

談愧疚——

還記得賣座國片《我的少女時代》中，林眞心是如何讓國中時曾是資優生，後來卻自甘墮落的徐太宇重新振作起來的嗎？

明明就不太會溜冰的林眞心，找徐太宇比賽，不斷跌倒，弄傷了自己。她不是要讓徐太宇憐香惜玉，而是要徐太宇知道：「這是我的決定，與你無關！」透過這個舉動，讓徐太宇明白了，不需要因爲國中時參與好友之間的打賭，好友溺斃，持續帶著那份愧疚而活。

林眞心讓徐太宇知道，好友決定參加這個比賽，是他自己的選擇，與徐太宇無關！其他人不需要爲他這個決定負責，徐太宇當然也不需要背負著似乎「間接致人於死」的責任，甚至用一蹶不振、自毀前程的方式來懲罰自己，企圖贖罪。

林眞心知道，「愧疚感」，正是使徐太宇無法將自己的人生過得成功精采的絆腳石。

為了因應那無所不在的愧疚感

愧疚感，常是當我們在與人互動，做出對他人有失公平、違反互惠原則的行爲時，所產生的負面情緒；此時，我們察覺到自己使別人受到了傷害、占了別人便宜，或對他人有所虧欠。

一個有同理心的人，在人際互動中不免會感受到愧疚感。所有的情緒，不論好壞，都有正面的功能；而愧疚感正是提醒我們，可能疏忽了遵循人與人之間相處時應有的互惠與公平原則，這在原始的群居生活中具有保命的功能，格外重要。

愧疚感會出現在任何人際關係中，長期抱著愧疚感而活，是相當不舒服的。爲了避免這份不舒服，我們會用各種方法去對抗、閃躲它，卻不一定有效果，甚至帶來更多問題。

許多孩子長大離開了家之後，就再也難以回家與父母相處超過三天。自己已是個獨立自主的成人了，卻又要承受父母的期待，不免忍不住對父母講重話，隨後又懊惱自己對待父母的態度不佳，最後乾脆盡可能不要與父母碰面，以圖個內心輕鬆自在。

在親密情感中，有的人苦惱著該如何與交往許久的另一半提出分手。他意識到兩人已不適合繼續走下去，但對方並沒有做出任何背叛自己的事情，提出分手無疑會讓對方受傷不已。在愧疚感作祟之下，遲遲無法做出決定，繼續在這段了無生氣的關係中痛苦拖延著。

偶像劇《十六個夏天》中，汪俊傑在九二一地震時，爲了救出正在大賣場值夜班的唐家妮而瘸了腳。唐家妮帶著愧疚，決定義無反顧地照顧汪俊傑，當然也影響到她與方韋德之間可能成眞的愛情。雖然是時勢作弄人，卻也是愧疚感帶來的影響。

愧疚感使得人們試圖做些事情來彌補自己對他人的虧欠。然而，我們爲了彌補所展現的關心、體貼或是過度承擔，眞的是對方想要的嗎？對於我們自己，又眞的是好的嗎？

三種無法做到課題分離的人際互動模式

在這裡，我們不得不佩服林眞心的智慧，她要傳遞給徐太宇的，就是阿德勒心理學中的核心思想——「課題分離」。「課題分離」正是幫助我們面對與處理愧疚感這種情緒的良方。

阿德勒心理學認爲人的煩惱總是來自於人際關係，其中最重要的就是不懂得「課題分離」。無法把他人的課題與自己的課題切割開來，就會不自覺地擔負起他人的責任，甚至想爲他人的整個人生負責。

所以，我們會想干涉他人的生活，要求他人照著我們的期待而活，卻免不了忽略了：他人也擁有自由意志，自己的生活應該由自己決定。當我們干涉不成，便感到痛苦，試圖多做點什麼達到自己的期待。

不懂得「課題分離」，把自己與他人的議題作有效切割，便會用三種方式去企圖干涉他人的課題：

①**討好**：不斷地做那些不見得是自己喜歡的事情去迎合別人，以獲得別人的認同與讚許；或者難以明確拒絕別人，害怕被討厭。他人是否要認同你，是他人的事，而你過的卻是你自己的人生。不斷尋求認同，便是把人生成功、快樂與否的責任交給別人了。

②**操控**：透過干涉他人的生活決定，迫使他人的選擇符合自己的期待，背後的動機不見得全然是爲了對方好，往往是爲了面子，或者是身爲某種角色上的安心。這在父母對子女、師長對學生的關係裡時常出現，也總是親密關係中紛紛擾擾的來源。

③**過度承擔**：錯把他人人生成敗的責任當成自己的，因而總想爲別人付出，而不管別人需要或不需要；或者不允許自己過得好，以爲這樣能夠分擔他人的痛苦，或者做爲贖罪的手段，徐太宇就是這類的典型人物。

問題是，我們想討好、操控或過度承擔的，究竟是「誰」的事？又該由「誰」負責呢？

人生三件事

簡快身心積極療法的宗師李中瑩老師曾提出「人生三件事」，分別是「自己的事」「他人的事」以及「老天的事」。

對於「自己的事」，我們要做到的是「盡力」；

對於「他人的事」，我們要做到的是「尊重」；

對於「老天的事」，我們要做到的是「臣服」。

這個道理很好懂，但我們卻總很難明辨什麼是屬於「自己的事」，什麼是「他人的事」，什麼又是「老天的事」。

錯把他人的事當成自己的事，你就會侵犯到他人的界限，或是容許他人越了自己的界。企圖透過控制或討好的手段，來干涉他人的決定或一舉一動，甚至背負起不屬於自己該承擔的責任。這樣的狀況特別會發生在關係親近的人之間。

越是親近的人，越是需要課題分離

父母過度涉入孩子的發展課題，做了過多自以爲好的安排，認爲孩子的成敗就是自己一生的責任，卻引來孩子的反感，因爲要承擔這些安排的後果的，不是父母，而是孩子本身。

相對地，做子女的也常無意間承擔了本屬於父母自己該解決的問題的責任，而沒能明白自己的身分只是子女，不但無助於父母減輕困擾，也使自己的人生總困在動彈不得的境地之中，在雙輸的結果下，還堅持這就是對父母的愛。

在《被討厭的勇氣》一書中告訴我們，**分辨「這是誰的課題」的方法，就是去思考「因為這個決定帶來的後果，最後會由誰承受？」**這對我們是當頭棒喝，尤其在關係緊密、界限觀念模糊的華人世界中，更是如此。

在越親近的人際關係中，越是難以做到課題分離，而親子之間這種剪不斷、理還亂的糾結問題，經常出現在華人世界的家庭人際互動中。

常有學生來找我討論如何做出生涯抉擇，實際上他們的難題常是「父母不認同我想發展的方向，怎麼辦？」

我們以爲現在的孩子迷迷糊糊，不知道自己的未來想要做什麼、可以做什麼；然而，有更多的孩子正處在「好想做什麼」卻「不被父母支持」的困境之中。

我認爲，**一個逐漸成熟的人，終究得走上自己的路；因為，自己的人生由自己主導，也由自己負責**。然而，在走自己的路的同時，究竟該如何處理與父母之間糾纏不清的愛恨關係，也就是做到與父母的課題分離呢？

不斷活在父母期待中的孩子

倩琳才進大一，就起了想轉系或轉學的念頭。她說對現在所學沒興趣，想找個新方向，但不知道往哪裡走好。

「我從小學琴，國中讀音樂班，但我爸媽說在臺灣念音樂沒前途，高中便讓我去念一般高中，課業繁忙，也中斷學琴了。」倩琳告訴我，彈鋼琴是生活中最令她感到熱情的事情，曾夢想未來要當個音樂老師。

才大一，轉換跑道還不遲吧！我疑惑著。

「我的父母不可能會答應的。從小，我只能照著他們的安排走，可是我卻永遠達不到他們的要求……」

打從上國中後，倩琳就沒再聽過父母的讚美了，尤其是母親。不管再怎麼努力，母親總會找到機會嫌棄她的表現，甚至歇斯底里地數落著她的不是。於是，她總是避免與母親見面。即使如此，倩琳仍然在課業上投注心力，或許是想避免再被母親責罵，也或許是想獲得母親的肯定與認同。

她犧牲了自己的興趣，進入父母期待中的高中與大學科系，然而，「儘管如此，他們還是對我不滿意。我到底要怎麼樣，他們才會滿足？」倩琳哭訴著。

「妳知道，妳是永遠無法滿足父母所有期待的。」我試著讓她認清這一點。

就算滿足了這一個期待，還會有下一個，活在別人的期待中，太累了。

其實，這些倩琳都懂；但她就是無法不顧慮爸媽的心情，只能不斷妥協！

對父母有所愧疚，所以總想回報父母

倩琳的父母出身貧寒，兩人白手起家，給她和弟弟受最好的教育，希望藉著子女在課業上的成就，能在親友面前抬得起頭。事實上，倩琳知道他們的內心是自卑的，尤其是母親，她常說，如果當時初中畢業後能夠繼續升學就好了。

「我一想到他們如此辛苦，而我卻總是無法做到他們的要求，甚至想走一條他們反對的路，心中就充滿愧疚感。」倩琳如此說道。

在我從事心理助人工作的過程中，看到過太多年輕生命都在類似倩琳這樣的痛苦中掙扎著，而愧疚感總是在當事人的內心世界裡扮演著關鍵的角色。

愧疚感最常出現在與父母的關係中，也是一個孩子難以與父母課題分離的困境來源。我們的生命來自父母，根本上，我們是永遠虧欠著父母的，因爲，我們再怎麼樣也無法回報給父母另一個生命。

用過度承擔來回報父母的愛

所以，當子女的，總是不自覺地過度承擔起並非屬於自己該承擔的責任，用這種方式回報父母，連結著與父母之間的關係。這些過度承擔以回報父母恩情的形式，常見的包括：

①**想代替父母解決問題**：父母雙方的感情出了問題，子女不自覺地用各種方式涉入其中，以緩和雙方的衝突，或者充當父母某一方的情緒伴侶。

②**想彌補父母成長過程中的缺憾**：父母帶著成長過程中未被滿足的需求來到新組成的家庭中，常不自覺地將這些需求投射到子女身上，轉化為課業上、事業上或婚姻上的期許與要求；而子女則透過犧牲或壓抑自己的夢想，盡力達成父母的期待，以表達對父母的愛。

③**想分擔父母的痛苦**：不自覺地「模仿」父母的痛苦，在自己的身上也「複製」出像父母一般的遭遇，包括身體上的病痛，或生活上的悲慘命運，以為這樣

能減輕父母的痛苦。因此，有許許多多家庭命運是代代相傳的。

然而，這都不是眞正回報父母，或對父母表達愛的有效方式。透過上述三種形式，孩子既無法滿足父母的期待，也走不成自己想走的路；結果是，一方面怨恨父母，另一方面又對父母抱持虧欠，成了阻礙「課題分離」的包袱。

因此，做子女的永遠無法透過承接父母的期待或痛苦來回報父母。反之，最好的方式，就是將父母帶給我們的生命，活得成功、快樂、精采、充實！走在自己充滿熱情的路上，就是最好的途徑。

與愧疚感同在時，傾聽它所傳遞的智慧

想做到與父母課題分離，先得過了愧疚感這一關才行。

所有的情緒，沒有好也沒有壞，那只是一份「感覺」，傳遞出「訊息」，讓

我們知道自己正處在什麼樣的狀態下。即使是負面情緒也有正面功能，不是為我們指引方向，就是帶給我們力量。

愧疚感，即使令人感到痛苦萬分，也只不過是要提醒我們一些事情。

首先，你得容許它存在，接受這份情緒，給出一個空間讓它發生，用中立客觀的角度去觀察它。**如此，你就能將用在對抗愧疚感的力量收回來，把更多的力量，放在真正對解決問題與讓人生成功快樂有幫助的事情上。**

告訴自己，我正感受到愧疚這份情緒，我也接受自己擁有這份情緒。你才有機會靜下心來，好好地思索愧疚感究竟要告訴你些什麼，而你又能從愧疚感中學習到什麼。

愧疚感正是要提醒我們，我們可能做了些傷害他人，或使他人吃虧、對他人有所虧欠的事情。若是如此，去道歉、想辦法彌補，重修起公平互惠的關係，這是不二法門。

然而，很多時候，愧疚感並非來自於我們傷害了別人，而是「想像中」別人因我們而受了傷、吃了虧、有了犧牲，於是我們對對方有一份虧欠。徐太宇對他的國中同學正是如此，唐家妮對汪俊傑也是如此——或者，許許多多的孩子因爲沒有達到父母的期待而自責，也是如此。

事實上，我們不需要背負著他人的期待而活，當然也不需要為別人的決定或遭遇承擔起無謂的責任。這不是冷漠或缺乏愛，而是一份「尊重」。

理解了這些，我們會知道，所有因愧疚感而來的自責、罪惡、虧欠等都是不必要的，只需要感恩就好。

放棄改變父母，重新理解父母

回到與父母的關係上。當長大後的孩子陷在「想做的事情得不到父母支持」的困境中時，總想用盡全力去說服父母，試圖改變父母的觀念，最後仍然只是各說各話，下場常是不歡而散。

想要說服父母，是因爲想獲得父母的認同與支持，這會讓我們在追逐夢想的路上更有力量。然而，若只靠著獲得父母的支持，才願意大刀闊斧地向前行，這便是逃避負責，是不成熟的表現。**事實上，當一個人逐漸長大時，早已具備支持自己往前行的力量了，因此，別把責任推給父母！**

反之，我們要去理解我們的父母。父母有其成長的經歷，出生在與孩子不同的時空背景下，本就會有不同的價值觀；隨著年齡增長，這些觀念更是根深柢固，難以撼動。**若試圖想改變父母的觀念，以做為支持自己前行的動力來源，這便是想操控父母**——這是一種干涉別人的行爲，正是沒有做到「課題分離」的人際模式之一。

只能順從父母或違抗父母嗎？是否還有其他選擇？

不企求獲得父母支持，難道要一意孤行嗎？

許多成年子女爲了追求自己的夢想，不惜違抗父母的期待，雖然勇敢走出自己的路了，卻終身帶著愧疚感，認爲自己並非孝順的孩子。

更有許多孩子，不堪這份愧疚感，乾脆順從父母的安排，做個聽話的乖小孩。

即使有雄心壯志，也只能不斷告訴自己：「也許父母是對的！」

其實，我們還有其他選擇。**我們不需要將父母給予我們的一切概括承受，照單全收。我們可以選擇，只帶著父母對我們的愛，勇敢走自己的路。其餘的，那是父母自己的課題，就在心理上交還給他們吧！**

簡快自助技巧　選擇只留下愛，其餘的交還給父母

在家庭系統中，子女是要被父母照顧的，永遠無法代替父母解決他們的問題；父母自己的問題，仍須由他們自己去面對。子女也無法彌補或滿足父母在成長過程中的缺憾，以及任何未被滿足的需求，那是父母的父母（也就是爺爺奶奶）的責任。

當然，子女更不需要去複製父母的痛苦到自己身上，因爲，那絲毫未能減輕父母的痛苦，卻苦了自己。

所有父母對我們的期待與要求，不論好壞，背後都是出自於一份愛。對於

那些父母想給予我們、令我們感到壓力的要求與期待，**我們可以選擇只把其中的「愛」打包帶走，其餘的就交還給父母，真正做到「課題分離」**。

平時，我們可以時常在內心裡告訴自己：

父母給予我的，都是出於一份愛，爲此我謝謝我的父母。
同時，我可以選擇只接受父母的愛，而將不該是我承擔的還給他們。
我會帶著父母的愛，勇敢走自己的路！

除此之外，還可以時常做以下的想像練習：

①找個安靜不受打擾的地方，或坐或站，讓自己放鬆下來。
②想像雙親就在你的面前約一公尺處。
③想像他們從心臟處傳遞出一道光，裡面充滿對子女的愛，向你的心臟傳來。

④你敞開胸膛，迎接那道帶有愛的光，進入你的身體裡，同時感受到源源不絕的力量。

⑤接著想像，自己長久以來背負的，那些父母投射到你身上的壓力與責任，從肩膀處以一道又一道光的形式，朝父母飛去，飛回父母背後的父母身上，將這些期待與需求，交還給父母的父母去照顧，去滿足，同時感受到你的身體輕鬆許多。

事實上，當我們漸漸長大後，我們早有能力照顧自己了，不需要一再獲得父母的認同，才有力量往前走。

林真心就是要徐太宇知道，那是好友自己做的決定，後果該由好友自己承擔。長期背負著好友溺斃的責任，不僅換不回好友的性命，也毀了自己。**徐太宇該做的，就是將不屬於自己該承擔的責任交還給好友自己，並且努力地將自己的人生經營好，過得更加成功快樂，這就同時做到了「對他人的事情能尊重，對自己的事情能盡力」。**

電影中的某一幕，是當徐太宇將這份沉重的愧疚感卸下，決定努力過好自己的人生時，眼前浮現國中好友的畫面，他的臉上是微笑的。

不謀而合的是，在心理諮商中，當心理師引導當事人透過想像對某些重要人物表達，或在心理上將不屬於自己的責任交還給對方時，當事人眼前所浮現的對方的臉，通常會出現改變（例如從神情嚴肅轉爲柔和），連帶著當事人本身也會感到輕鬆與釋放。

所以，林眞心不但懂得阿德勒心理學，更是很棒的心理助人者呢！

第二章
做自己的父母，
彌補成長中愛的缺失

談委屈——

在公司裡，你總是盡心盡力，任勞任怨，最早來也最晚走，績效卓著。你以爲終有一天會受到上司肯定，或者加薪或者升遷，但偏偏好處都被別人占走。你做得最多，得到的卻最少，總是幫別人抬轎。

你覺得很不公平！

你與另一半約好下班後到高檔餐館共進晚餐。無奈下班後卻被主管留下來討論公事，好不容易離開辦公室，卻塞在車水馬龍的路上動彈不得，眼看與另一半約好的時間就快到了，心急如焚。抵達目的地，已遲了將近一小時。你想解釋，只見另一半擺著臭臉，冷冷地別過頭去。你越想解釋，卻得到：「遲到就是遲到，說再多都沒有用」的回應。你不是故意的，也沒有機會說出苦衷，只能被錯怪。

有苦難言的感覺眞不好！

在班上，你總是相當熱心，對同學細心又體貼，能敏感地察覺到別人的需要，主動地伸出援手，或者承擔爲大家服務的責任。小至跑腿、收錢、買便當，大至統整報告、彙整資料。你來者不拒，也習慣服務，因爲助人最樂。久而久之，有些工作似乎就這麼成爲你「分內」的事了。沒被感謝就算了，如果一天沒做這些事，反而惹人不愉快，還說你怎麼沒盡到本分。你知道自己就是個爛好人，心裡不舒服也得微笑地說：「沒關係，我來做！」

只能眼淚往肚子裡吞吧！

上述情境我們都不陌生，那些心裡的不舒服，正是委屈。

人爲什麼會委屈？通常是因爲自己未受到公平的對待、應有的權利受損、覺得被別人虧待、未得到該有的重視，甚至被貶抑、被誤解，卻無從辯解、難以澄清。

全能媽媽委屈度日

在校園中常見到高度監控的家長。曾遇過一個母親，對孩子的一切緊迫盯人。孩子出狀況時，母親急急忙忙衝到學校善後。幾次下來，都未見父親蹤影。我心裡有點生氣，又是個在孩子教養上缺席的父親。

於是，我要求父親一同前來會談。父親坐在一旁不發一語，母親則是滔滔不絕地重複說著自己費了多大心力；不時轉頭過去數落父親幾句。

「孩子從小就跟我比較親近，有事都只跟我說。孩子的大小事情都由我安排，你連半點參與都沒有！你這個爸爸是怎麼當的？」

父親把臉別了過去，仍然不發一語。

後來，在與孩子談到家庭議題時，從孩子口中得知，母親確實是個盡心盡力的全能媽媽，大小事情一手包辦。父親不是沒幫忙，而是每當想做點什麼，母親便說他什麼都不懂、什麼都不會，搶過父親手上的工作。

母親看似負擔了所有親職教養的責任，實際上卻是無意識地獨占了任何親子互動的機會，再回過頭來指責另一半功能不佳、未盡責任。她從不讓別人幫忙，卻又責怪別人不幫忙，心裡總是抱著委屈過生活，這是一種「受害者」的心態。

「受害者心態」是面對委屈情緒的典型因應模式

當一個人的內心，根深柢固地認定自己就是個「受害者」，便會處處提防，怕遭人傷害。有了孩子後，便把孩子視爲自己本體的延伸，緊抱著孩子不讓別人靠近，以獲得安全感。別人想幫忙，他一逕拒絕；到了無力負荷時，內心的委屈一股腦兒湧上心頭，使勁責怪身旁的人自私自利、不願意出手相助——更加印證了自己是個「受害者」。

當我們的內心長期感受到痛苦，便想要做點什麼以削減這些痛苦情緒。我們會有意或無意地發展出各種因應方式，有些在短期之內能幫助我們緩解負面情緒帶來的不舒服，但長期而言，卻爲自己或他人帶來更多的麻煩。

許多人面臨的困擾，並非來自於最初的負面情緒，而是「無效的因應方式」。**當事人一再以同樣的方式因應痛苦，從偶一為之成為慣常行為，形成重複不斷的因應模式**。**甚至，最初的痛苦來源早已消失，而充滿問題的因應方式卻被保留下來**。

「受害者心態」是來自於一個人的內心總懷著委屈的情緒。當內心感到不平衡時，便容易以一個「受害者」的姿態展現強勢操控的一面，這正是一個人面對委屈情緒常見的因應模式。

自認爲是「受害者」的當事人，時常透過抱怨、指責，或讓自己過得更痛苦，以搏得別人的同情與重視。你以爲他需要的是協助，當你熱心地爲他伸出援手，卻總是碰一鼻子灰。

因為他需要的不是協助，而是關注。

拒學的孩子與扮演悲劇英雄的家長

有個孩子從國中起就足不出戶，很少到學校去上學。上了高中，情況依舊。開學兩個月，班上同學還未見過這孩子一面，只有導師去家訪時曾有一面之緣。

這孩子的母親是個單親媽媽，孩子的父親在孩子國小時就和她離婚了。母親獨自扶養這獨生子，還要工作維持生計。

母親時常打電話到學校來，內容總是千篇一律。先是花上大半時間訴說自己的痛苦際遇，接著對學校提出各種不合理的要求。例如：要求導師請班上同學發揮「同學愛」，每天輪流到家裡去邀請她的孩子上學；要求學校提供其他學生家長的電話；要求學校老師每天早上到家裡去帶她的孩子來學校……等。

這確實讓學校很爲難，也知道母親的要求事實上對改善孩子的狀況毫無幫助。每次婉拒其要求，這母親便歇斯底里地指責學校：「學校怎麼可以這麼沒愛心，你叫一個單親媽媽該怎麼辦？」「請同學來一趟會怎樣嗎？我的孩子正需要同學的溫暖呀！」

當學校試著爲她連結一些社會資源時，她完全不領情：「提供我這些社會資源又如何，我工作這麼忙，哪有時間帶小孩去求助？而且他們也幫不上忙！」最後，總是要拿現在的處境與孩子國中時相比較，以顯示現在的學校很無能。「我們家小孩以前的國中老師多用心，做了好多事情；相較之下你們就很無情，什麼忙都不願意幫！」

「你們說會開會討論，到底開了沒？你們到底做了些什麼？」又說：「我看你們就是不願意幫忙啦！大家都欺負我這個單親媽媽，陷我於孤立無援中……」這就是她的結論：「我很可憐，大家都欺負我！」

在輔導與諮商的實務上，這樣的家長還不少，總是弄得學校天翻地覆、人仰馬翻，光接電話就精疲力盡。當學校的輔導人員給予家長一些專業建議，請家長做些什麼努力時，一概被家長拒絕，總說自己「很可憐」「很忙」，所以做不到，或不可能有效。

然而，人們再熱心，總有個限度，一旦發現自己提供的援助總是被拒絕；沒被接受就算了，還受到指責批評，當然想與這種人保持距離。此時，他便會再度在內心告訴自己：「對！沒有人願意幫助我，我就是個受害者！」

在他的內心世界裡，天天都上演著悲劇英雄的戲碼。將自己受到的不公平待遇想成是自己的壯烈犧牲，因此每個人都欠他人情；又因爲扮演的是英雄，從中能獲得更多力量。

家人之間的情緒勒索

從事心理助人的經驗告訴我，這不去上學的孩子與母親有著共病關係。在潛意識層面，母親需要孩子不去上學，以讓自己能夠持續扮演「受害者」的角色。而孩子也不自覺地「配合演出」，成爲一個不去上學的「問題學生」，讓母親有繼續將這戲碼演下去的舞臺。

這就是前面提到過的，做子女的常會透過過度承擔起非屬自己該承擔的責任，試圖代替父母解決問題，或滿足父母內心的缺憾，藉以回報父母，或連結著與父母之間的關係。

爲什麼人們會把自己放在「受害者」的位置上呢？**如此，他便可以名正言順地藉由展示痛苦來獲取關注，進一步操縱別人得為他做些什麼，以補償他內心長久以來未被公平對待的委屈感受。**而那些操縱的手段，常常是以情緒勒索的形式呈現。

情緒勒索的對象常是家人，也就是與自己關係最為密切的人，不是伴侶就是

子女。正因為家人之間有著愛的連結，情緒勒索才有運作的空間。常見的情緒勒索有三種類型：

①**沒功勞也有苦勞**：「我們含辛茹苦地把你拉拔長大，寄託全在你身上，你就不能體諒父母的辛苦，聽話一次嗎？」許多父母常會對孩子提起過去撫養子女時的艱苦歷程，期待孩子知所感恩、知恩圖報，而成全父母的期待，正是最好的回報。

②**一切都是為你好**：「我們這是愛你，是爲你好！」「爸媽難道會害你嗎？」「如果不是爲你好，早就讓你自生自滅去了！」父母的良善動機令孩子不忍拒絕，那份比天還大的恩情，怎能視而不見。孩子總在心裡想著，如果我沒有做到他們的期待，不就辜負了他們對我的愛，也顯得我不夠愛他們，這豈是爲人子女該有的態度呢？

③**後悔了別怨我**：「好啊！你追尋你的理想去，到時候餓肚子，別怪我沒先提醒你！」「不聽我們的話沒關係，到時候後悔了，可別回過頭怨我們沒阻止你！」

父母說出這類話，顯然與孩子之間的拉扯已到了相當緊張的程度。父母自認爲已爲孩子做了最好的安排，於是用這樣的話語暗示著自己的責任已盡，對子女已無虧欠。聽在孩子耳裡，總會有一份惶恐，擔心：「父母是否永遠不再理會我了？」也感覺到與父母之間的情感連結可能就此斷裂。

簡而言之，這些情緒勒索的典型話語，都是透過讓對方恐懼情感破裂、感到愛的匱乏，以及訴諸罪惡感，操控著對方的行為。

悲劇英雄的形成——成長過程中愛的缺失

每個人都是在跌跌撞撞中長大，難免會遭遇挫敗、失意，並在心底留下大大小小的創傷，同時，也會有許多遺憾與未被滿足的需求。終其一生，人會用盡各種方式去填補或滿足那些人生的缺憾。當進入親密關係中，便渴望另一半能夠填補那份空缺；而有了子女之後，便將這些期待全寄託在孩子身上。

前面提到那位拒學孩子的母親，就是出生在一個重男輕女的家庭中。她是家中的長女，父母生下她之後，又連生了四個妹妹，才總算拚出了一個兒子。這最小又是家中唯一的兒子，自然集三千寵愛於一身。在當時經濟極度匱乏的年代，家中僅有的資源都放在這小兒子身上。

身爲大姊的她，從小就得一肩扛起照顧弟妹的責任。國小畢業後放棄升學，到工廠去當女工分擔家計，回家還要伺候年紀最小的大少爺。每當她看到弟弟吃好的、用好的，總在內心想著：「憑什麼？」口中沒有說，但心中感到不平衡極了，暗暗怨恨父母對待自己不公平。

年幼的孩子常會把這種不公平的對待解釋成「父母不夠愛我」，於是帶著「愛的缺失」的感覺長大，這是在愛中有缺憾，也是一種心理創傷的形式。

爲人父母很容易在孩子身上，看見自己成長過程中重要他人（那些愛過自己或傷害過自己的人）的影子，更常會看到自己過去的模樣。**過去的創傷或遺憾，便很容易在無意間透過控制孩子「做什麼」或「不做什麼」，做為療傷止痛的途徑。**

很多時候，我們被別人傷害、遭受不公平的對待，或者從小有愛的缺失，確實是個「受害者」，感受到委屈自然是不可避免的。然而，**當我們為了因應自己內心的委屈，一再地透過把自己放在「受害者」的角色，來換取他人的關注，正是一種錯誤且無效的因應模式**。

委屈情緒對我們的保護功能

所有的負面情緒都有正向價值，**委屈正是在提醒我們，處於一個未被合理對待的情境中**。追求公平是人類相當自然的心理傾向，在原始時代的群體生活裡，當個體應有的權利被剝奪、該獲得的酬賞沒被給予、該有的尊嚴沒被重視，或者莫名其妙被要求去付出勞務，形同被孤立、排擠或貶抑，這在險峻的古老環境中可是攸關生死的大事。

在過去資源有限的時代，一個家庭中，若有子女獲得的身心資源——生理上是維持成長所需的食物，心理上是受到父母的愛與保護——較他的手足少，意味著生存下來的機率降低了，那份委屈的情緒便會驅使他主動去爭取更多資源。所以，委屈的情緒實際上對我們有保護的功能。

理解委屈這份情緒的正向價值後，我們反而應該感謝它的提醒與保護，而不是設法用各種無效或會衍生更多麻煩的方式，試圖削減委屈所帶來的不舒服。我們只需要去看見它、接受它，並且從中學習。

重新做自己的父母，成為自己愛的補給來源

如果你常在心中的小劇場扮演悲劇英雄的角色，那是因爲心裡受到了委屈；如果悲劇英雄的戲碼一再上演，沒完沒了，甚至成了操縱他人以獲得關注，進而撫慰內心傷痕的手段，那麼，該是停止的時候了！

首先，你得明白，你的委屈或許來自於現實生活中的不如意，而更多時候，是來自於原生家庭中愛的缺失。**愛的缺失所帶來的委屈感受，正是在日後生活中，時時刻刻存在於你的身體裡，不斷地提醒著你「我並沒有被公平對待」的源頭。**

我們需要細細檢視，自己從小到大的成長過程中，那些曾經發生在自己身上

沒有被公平對待的經驗；重新去理解當時的情境脈絡。那些曾經傷害過我們的人，或許是不得已，或許也有著自身的成長包袱，甚至整個社會文化體制都是共犯。

我們不需要憎恨那些使我們帶著委屈成長的人，也不需要逼自己去原諒他們。我們只需要去理解他們，如此就好。**除非經過深刻的理解，否則所有形式的原諒，都無法使我們解脫**。

每當回想起那些不愉快的經驗，內心再度浮現起強烈的委屈情緒時，我們可以輕輕地對著自己的內心說：

對不起，委屈了！
那些曾經使我沒有被公平對待的事情，已經過去了。
現在，我有能力，懂得照顧自己，善待自己。
我值得擁有美好的人生，也值得受到尊敬與肯定。

用這樣的方式，去撫慰內心因愛的缺失所形成的傷痕。或許傷痕永遠存在，但我們允許它存在。同時，我們得去覺察，我們是如何爲了因應委屈情緒，而將自己長期放在「受害者」的位置上，透過情緒勒索來操控著他人，以補償自己內心愛的匱乏。

我們可以停止那無效又造成困擾的行爲模式，重新採取有效的因應方式。我們知道，成長中愛的缺失往往是來自於父母，而父母的愛是絕對無可替代的，我們永遠也無法透過伴侶或孩子去彌補那份匱乏。**我們只能當自己的父母，用自己的溫暖，如同父母一般地撫慰自己**。因爲，自己的人生由自己主導，自己就是自己愛的力量最好的來源。

最後，我們得體認，我們可以不必一直被困在過去，爲自己採取新的行動吧！例如，當你正處在一個受迫害的環境中，你可以積極地做點事，開拓資源、尋求協助、打破現狀，甚至，離開也是一種可行的選項。總之，別讓自己繼續待在委屈之中。

當然，我們必須記住，「壓迫」與「受害」是相伴發生且世代相傳的。有一天我們可能媳婦熬成婆，請別讓這不公平的處境在另一個人身上發生。

簡快自助技巧　接受批評法

「簡快身心積極療法」中的「接受批評法」，在改善日常生活中，因他人的任何批評或貶抑所帶來的委屈情緒，十分快速、有效，而且易上手。操作時，可以自己進行，也可以由他人引導下進行，操作步驟如下：

①回憶起曾被人批評而感到委屈（或其他負面情緒）的情景，想像批評者就在自己的眼前，同時想像自己的腳邊有一個垃圾桶。

②在腦海中將受到批評的過程重演一遍。每當批評者對自己說一句話後就停頓一下，想一想這句話對自己是否有幫助。若有幫助，想像這句話像光一樣地飛過來，進入自己的心裡；若沒有幫助，則想像那句話像光一樣地直接飛進垃圾桶裡。

③如此逐句檢查，直到整個受批評的過程結束為止。如果被批評的事件發生已久，記不清批評者對自己確切說了什麼，只要想像批評者

說出來的話，如光一般地飛向自己，而且在自己的面前自動地分離出兩條路線。對自己的有幫助的飛向心中，沒有幫助的飛進垃圾桶裡。

④完成後，感受一下自己的內心是否感覺到較為輕鬆舒服。同時對著批評者說：

對我有幫助的，我已經留在我心裡，讓我獲得更好的成長。為此我對你表示感謝。

對我沒幫助的，我已經放下，讓我得以活得更加輕鬆自在。

接受批評法對於近期發生的不論強烈或輕微的委屈經驗，都有相當好的處理效果。而來自早年未被善待的委屈感受，也能夠有效的緩解其委屈情緒的強度。這個技巧的效果來自於三個重要成分：「接受」「理解」「重新選擇」。

「接受」，是覺察與承認這份情緒的存在。

「理解」，則是透過停下來重新分析每一句批評的話語中，對自己有幫助與無幫助的部分，因而對他人的批評有了新的觀點。

「重新選擇」，則是拿回自己人生的主導權，選擇只將有幫助的部分留在心中，獲得學習與成長，沒幫助的部分，就讓它隨風而逝吧！

第三章
為什麼我們討厭比較
卻又老愛比較

談嫉妒——

班長在黑板上寫下了「9」這個數字，接著在「9」旁邊畫個「×」。這表示，九號同學，你不遵守秩序，被逮到了！你慘了，等著被老師罰吧！

我就是九號同學，當時，我小學二年級。

一會兒，老師進了教室，班長走下臺，回到座位。當班長走過我身旁，我感覺到他瞄了我一眼，我也斜眼回敬他，我們的目光對上了。此刻，我的胃在翻攪、呼吸急促。我緊握著拳頭，內心感到憤恨不平。但是，我得壓抑住自己，免得惹上更大的麻煩。

「陳志恆！起立！剛才爲什麼不守秩序？你自己說，做了什麼事？」老師霹靂啪啦地數落著我。我再度移動眼睛望向班長，在心裡給了他一記白眼。

我知道，我對班長有種不舒服的感覺。不是來自於他登記我座號，讓我挨老師責罵；而是一種敵意，我總想著，憑什麼他可以站在講臺上記名字，而我不能。

那正是嫉妒的心情。

我嫉妒他可以當班長，而我的功課不夠好，沒有獲得老師青睞。我想像他一樣，在同學面前發號施令，在老師的授權下執行任務，威風凜凜。我也想擁有像他一樣的資格與權力。

於是，嫉妒讓我總是在見到他時怒火中燒。我討厭這個人，我刻意遠離他、不跟他一起玩。我要我的兄弟們不要靠近他，偏偏他身邊總是圍繞著更多小朋友。我暗中與他較勁，無奈就是贏不了；他的課業總是名列前茅，又是班上的人氣王。

現在想來眞幼稚。我嫉妒的是他身爲班長這個職務，以及隨之而來的權力；然而，我卻因嫉妒而對他本人有了敵意，我討厭他，想做些事情讓他沒能如此風光。嫉妒讓人腦充血、喪失理智，但是討厭與詆毀一個人，並不會使我更容易獲得我想要的結果。我只是白費力氣，因爲對他而言，根本不痛不癢。

見不得別人好

嫉妒，是因比較而生的情緒。當我們與別人相比，發現自己不如人，擁有的比別人少，無法獲得別人所掌握的權勢、地位、資格或名聲，便會對對方產生嫉妒的情緒。當我們發現以下兩種狀況時，嫉妒心情油然而生：

①當對方擁有我所不能擁有的人、事、物時。
②當對方擁有的人、事、物比我擁有的還要多或還要好時。

這人、事、物包括的範圍很廣，不論是有形的物質，如金錢、車子、房子、電腦、手機、手錶、項鏈，珍寶；無形的如身分、地位、名氣、關係、才華、能力、資格、生活方式、被尊重、被肯定、被愛、被認同……等。都可以是嫉妒的內容。

嫉妒與委屈是不同的。委屈是受了不公平的對待，應獲得的沒有獲得，感到自我價值被剝奪，或被貶損，內心的不平衡感受；嫉妒則是來自於比不過別人，羡慕別人擁有的比自己多，表現得比自己好，因而對他人產生類似憎惡的感覺。**簡單講，就是「見不得別人好」。實際上，心裡頭是氣自己不如人，做不到；渴望自己能跟別人一樣好，甚至比別人還好，擁有的比別人還多。**

那一口一口咬掉心頭肉的怪物

二〇〇一年以音樂劇形式呈現的華麗電影《紅磨坊》，描述十九世紀末，巴黎蒙馬特區的紅磨坊極盛一時的故事，那裡充斥著娼妓與嫖客、毒品菸酒、藝文人士與絡繹不絕的觀光客，人人在此縱欲狂歡。

由伊旺麥奎格飾演的年輕作家克利斯汀來此尋求創作靈感，愛上了由妮可基嫚飾演的紅牌歌舞明星莎婷，才子佳人譜出浪漫的愛情。然而，想包養莎婷的貴族卻讓莎婷陷入痛苦兩難，莎婷爲了保護克利斯汀，忍痛選擇跟著貴族走。克利斯汀在得知莎婷的決定後，眼看著莎婷將被財大氣粗的貴族占有，而自己卻無法擁有與莎婷的愛情，悲憤之下唱出了一句經典臺詞：「嫉妒會讓人死！」

嫉妒會讓人死！多麼傳神地傳遞出嫉妒時的心情寫照。滿腔的怒火正持續熊熊地燃燒著，嫉妒不斷鞭笞著自己的靈魂，逐漸吞噬自己的理智。那巨大的痛苦，就像心裡住著一隻怪物，一口一口地咬掉心頭的肉。

在感情世界裡是最容易出現嫉妒心情的了。

紅極一時的偶像劇《十六個夏天》，敘述一群年輕人由大學到出社會十六年間的友誼與愛情。汪俊杰即使與心目中的女神唐家妮結婚了，過著看似幸福的日子，但心中仍有著打不開的結。

那個結正是對方韋德的嫉妒。在汪俊杰的想像中，唐家妮並不是眞的愛著自己；汪俊杰一直都認爲，唐家妮深愛的人是方韋德，即使方韋德與唐家妮沒有眞正在一起過。

汪俊杰一直嫉妒著方韋德，因爲唐家妮情感的歸屬是方韋德。而當方韋德再度出現在他們的生活中時，汪俊杰的不安、惶恐與懷疑表露在與唐家妮的婚姻關係中，同時也衝動地做出無可挽回的事情，毀掉了原本美好的婚姻。

嫉妒，把汪俊杰關進一座陰森大牢裡，即使已經與深愛的人成爲夫妻了，但他始終走不出嫉妒的囚牢。隨著嫉妒而來的猜忌與擔心，一步一步地把原本該擁有的理想關係推向破碎邊緣。

嫉妒的後果常是喪失理智，衝動行事

這便是嫉妒的後座力。古今中外先聖先哲都要人們不要嫉妒，嫉妒是危險的，嫉妒是靈魂的毒藥！

嫉妒時，內心就像火苗在悶燒，或像體內有隻隱形的蟲子，一口一口地啃蝕著內臟。我們需要有個出口，於是我們喪失理智，悶燒中的火苗成了敵意；我們攻擊、詆毀或貶抑那個令我們嫉妒的人，甚至不惜一切都要從他身上搶來我們日思夜盼想擁有的一切。

因嫉妒而衍生出的各種暴力、謾罵、指責、陷害與報復行爲，每天都在世界的各個角落發生：在人與人、族群與族群、國與國、宗教與宗教之間……

爲了不嫉妒，宗教家教我們要懂得知足，知足才能常樂；心理學家告訴我們要每天感恩，感恩讓我們看到自己所擁有的其實很多，便能免於嫉妒。寫下你每天感恩的三件事，透過撰寫「感恩日記」確實能增加生活滿意度。

當我們能夠知足與感恩時，就不需要處處與他人比較。靜思語中有一句話：「快樂不是擁有得多，而是比較得少。」比較，是心理學家公認造成不快樂的來源之一。然而，我們仍免不了會與周遭的人比較；詭異的是，當我們越是討厭比較，越又老愛比較。

比較的強迫性——不喜歡卻又避不了

你是否討厭被別人比較，卻又常不由自主地拿自己與別人比較？你是否常羨慕別人擁有好的外貌、能力、收入、職位、學歷、財富、關係……等等，卻又討厭自己老是愛比較。

你明明知道比較無益於人生幸福，但又想努力追求些什麼，好在別人面前能抬起頭來——這也是比較。

「人比人氣死人」，這是人人都同意的一句話。同時，誰又能擺脫比較的糾纏，不在意別人的眼光、不在意別人的表現，不在意自己與別人相比起來，多了什麼或少了什麼？

比較而生的嫉妒，會讓自己看到自己的不足，因而感到無力又生氣。比較而生的優越，會讓自己感到有價值，因而顯得高人一等，但又擔心其他方面會被比下去。

人總是很矛盾，既痛恨比較，卻又難以不去比較，我們都有強迫性的比較行爲。比較，似乎是人類的天性，無所不在。

行爲經濟學家研究人類的生活滿意度或幸福指數時，**發現一個人如何定義自己的快樂，常是透過與他人的比較而來的**。**所謂「不患寡而患不均」便是如此**。

當大家都沒飯吃，日子過得雖苦，但心裡不會很不舒服；若發現鄰居多了一些米，日子仍然過得苦，心裡卻很不是滋味，因爲你有我沒有。

住在富豪社區裡的有錢人，看似過得豐衣足食，照理說生活滿意度很高；當某人換了新車，而我的車雖然也名貴，卻不是全新的，生活滿意度立刻下降。

於是得更努力工作、賺更多錢，即使經濟上不再匱乏了，但那不想比輸人的心態，驅使著人們停不下來。

贏過別人的正向感受通常不會持續太久，你得繼續努力追求贏得更多，以延續那優越感，這就是所謂「快樂水車」效應。

自尋煩惱成癮症候群

因爲比較帶來的壓力如此大，所以政府爲人民打造一個公平正義的社會是如此重要，讓人民可以如處在烏托邦般知足常樂。**也因為比較是人性的一部分，有權勢者便利用比較來操縱人的行為，讓人們成了為他們賣命的奴才。**

以職位論薪酬、以績效論分紅、督考排名、記功嘉獎、表揚大會等制度與形式，讓人們在競爭中不敢怠慢。在低位者因羨慕或嫉妒而更奮力爭取佳績，在高位者因害怕被超越而更加倍努力。有權勢者則在遠處旁觀著這場人性遊戲，坐享其成。

更可怕的是，資訊傳播氾濫的現代社會中，處處都是觸發我們比較的引線。電視節目、新聞媒體、電影、雜誌、報紙與網路等傳媒，無止境地傳遞時尚名人的生活型態，市井小民望塵莫及卻又目不轉睛。吸取了這些訊息心裡不是滋味，但又老是愛看愛聽，彷彿能夠從中獲得一絲絲幻想中的美好。

臉書的流行正是一個例子。在臺灣，滑臉書已是全民運動。丹麥快樂研究中心（Happiness Research Institute）在二〇一五年公布的一項研究報告指出：**暫停使用臉書能讓人的生活滿意度提升**。

研究人員找來一〇九五名經常使用臉書的民眾，將他們分成兩組，一組停用臉書一個星期，另一組則如常使用臉書。研究發現，停用臉書組在一個星期後的生活滿意度大幅提升。

臉書等社群媒體，象徵著個人媒體時代的來臨，其中的多數訊息是刻意篩選後放上去的，總是呈現生活中正向的一面，很容易讓人誤以爲自己的親朋好友日子都過得很好，相較之下自己並非事事順遂。事實上，這是對現實的扭曲，我們只看到親友們光鮮亮麗的一面，卻忘了有起有落才是眞正的人生呀！

很少人會上臉書炫耀自己的落魄吧！討拍文討不到多少目光，按讚數不足，自然沒人要發這種文章了。既然看臉書並不會使我們更快樂，反而使我們的感覺更糟，那麼，我們爲什麼被臉書綁架了，總是不自覺地一則一則地閱讀，邊瀏覽邊羨慕、邊嫉妒，再沮喪地回到現實生活中面對柴米油鹽醬醋茶？

每天，我們難過地對自己說：「是呀！我的生活就是不如人！」閒暇時，則又強迫性地拿起手機滑臉書。我們到底是想找到一個比我們還糟的人，以安慰自己過得不算太差，或者，這是一種「自尋煩惱成癮症候群」？

匱乏心態作祟，讓比較無所不在

在過去資源有限的時代，比較確實有其必要性。你不去注意你所擁有的資源是否比別人少，存活的機率便比別人低。

然而，現今是人類有史以來資源最豐沛的時候，我們不再會因資源匱乏而小命不保（至少在大部分開發中國家以上的世界是如此）。那麼，我們何需再比較呢？我們討厭比較，卻又難以停止比較。

常聽到學生告訴我：「父母老愛拿我跟別人比，什麼都要比。」而身爲父母的則常說：「我們才不是愛比較的人，只是不希望孩子輸在起跑點。」

在意輸贏，就是比較呀！

父母口口聲聲說沒比較，但言談中卻處處流露出比較的訊息。例如，時常在孩子面前，提起某某人考上哪個大學科系、哪個親戚的孩子現在在哪裡高就、目前年薪多少、誰又與什麼家世背景的對象結婚……等。殊不知，孩子聽了都感到格外刺耳，因爲這就是比較。

過去，是因爲外在資源匱乏才需要比較，這具有生存的價值。而現在，物質生活無虞時仍要比較，顯示的正是**內心的匱乏**。匱乏心態是如何深植人心的？正是我們從小被父母拿來比較，越比較，越讓我們感覺到不足。因爲，永遠有比我們表現更好的人，久而久之，我們被塑造成一個內在匱乏無力的人了。

爲什麼需要比較？**因為內心很匱乏，所以需要透過見證自己比別人表現好一點，擁有多一點，來證明自己的內在價值。但是，一旦做了比較，卻又暗示著自**

己是不足的，才需要比較，於是我們痛恨比較。我們便永遠被困在討厭比較與不得不比較中鬼打牆。

當我們有了孩子，我們也把孩子當作比較的工具。於是，匱乏心態便透過無止境的比較代代複製、代代相傳，沒完沒了。

比較有助於生存，卻也是現代人煩惱的來源。如何跳脫討厭比較卻無法停止比較的無限迴圈呢？唯一的途徑，便是讓內心感到豐盛富裕。**當你的內在是豐盛富裕的，你便無須比較，也能感受到自己的價值；當別人拿你做比較時，你也能從容自在、不動如山，因為你的內在是充滿安全感的**。

看見自己的匱乏無力，與自己的不足同在

對於從小被比較到大的我們，匱乏無力早已深植心中，並非一時片刻能撼動得了。解決心中的匱乏無力感，是人生最大的課題之一。這得走上自我療癒的歷程，透過心理治療、各式成長課程、身心靈修練與大量閱讀，逐一地深入探索自我，

一步一步地覺察自我，層層清理內心匱乏無力的信念，重新架構起豐盛富裕的內在價值感。這個歷程非一蹴可幾，但卻能讓我們重新活過來。

縱需經歷千山萬水、層層修練，也得有個起頭，那就是——時時看見自己的匱乏無力，與自己的不足同在。

首先，我們得覺察到自己何時升起了比較心，如何因爲比較而產生了嫉妒，甚至對嫉妒的對象有了敵意，有了想貶損、攻擊與詆毀對方的念頭或行爲。無論如何，覺察永遠是第一步。**我們接受並理解自己有嫉妒的情緒，那是因為感覺到自己不夠好，內在的不足與價值感低落，令我們想透過表現得比別人更好，或擁有的比別人更多，來證明自己並不差。**

當我們給嫉妒一個存在的空間，便是給我們自己一個機會拉開距離，一窺嫉妒的全貌，以及它所要傳遞給我們的訊息，同時深深理解嫉妒是如何形成的。

此刻，**我們知道，由於根植於內心的匱乏無力與停不下來的比較使然，嫉妒是必然產生的，於是我們可以允許嫉妒存在。同時，我們也可以靜下心來分辨，真正令我們感到生氣憤怒的不是別人，而是自己的無能為力。**

當我們能接受自己那份嫉妒的情緒存在時，我們也可以去感謝嫉妒情緒。所有負面情緒都有正向的價值，都在提醒我們一些事，有讓我們學習的地方。

嫉妒正是要提醒我們去覺察自己不足的地方，改善了那些不足，生活會變得更好。

當我們靜下心來，我們也就有能力去分辨，那些不足之處，究竟是否真的妨礙到我們追求成功快樂的人生，抑或只是我們在內心裡由自己的匱乏感所創造出來的「虛幻不足」，事實上並不會對生活造成任何影響。

好了，現在嫉妒從原來讓你怒火中燒的情緒，變成了一個中性的標籤。此時，你擁有更大的自由度去做出新的選擇。**我們可以調整自己的心態，打從心底送出祝福給原本令我們感到嫉妒的對象。因為，是他讓我們看到自己的不足與需要改善之處，我們可以向他學習，當然要祝福並感謝他。**

簡快自助技巧 灑金粉法

情緒本是爲個人服務，我們可以不需要任憑情緒擺布。當我們對原來嫉妒的對象，從敵意轉變爲感恩與祝福時，對我們追求成功快樂的人生才會有助益。因爲，在那些令我們嫉妒的人身上，總是有著我們欠缺但想擁有的某些能力或才華，我們可以借助他們的力量，讓自己有所提升。

在「簡快身心積極療法」中，有許多借力的技巧，其中「灑金粉法」便是借力技巧中最簡單快速的運用，可以幫助我們提升內在缺乏的某些能力或特質。每當你面對挑戰而感到缺乏某些能力時，例如：難以站穩在臺上發言、無法向他人清楚表達自己、難以靜下心來完成工作、幽默感不足……等，特別是從事某件事的信心不足，而不是知識技巧不夠時，正是運用「灑金粉法」的良好時機。

①想像一個對象就站在你前方不遠處，他具備了你內在缺乏但很想擁有的能力或特質。

②在內心裡邀請對方與自己分享這種能力或特質，並徵得他的同意。同時在內心裡向他保證，這個練習只是想讓自己更好，絕不會減損他原有的能力（若對方同意時，可以看見對方點頭或微笑示意的表情）。

③想像對方從口袋中抓出一把代表這種能力或特質的神奇粉末，仔細觀察粉末的顏色與特徵。

④想像對方將粉末輕輕且源源不絕地從你的頭頂灑下。粉末像雪一般，灑落在身體的每一處，尤其是頭頂和雙肩，並且慢慢融化，滲進你的身體內。

⑤感受這股力量不斷進入你的體內的感覺，同時大口吸氣，每次吸氣時，都感受到內在有更多力量，直到這股力量到達身體的每一處為止。

⑥再度向對方表示感謝，深深地感謝對方的分享，而讓自己有所提升。

此外，還有一種稱爲「代入法」的技巧，這在我初爲人師，要上臺講課時，相當有幫助。還記得，大學剛畢業到學校裡實習，第一次上臺試教前緊張不已，即使把每一句臺詞都背得滾瓜爛熟了，仍然焦慮到手腳冰冷、冷汗直冒。

我的腦中浮現一位以演講風趣幽默著稱，相當具有舞臺魅力的前輩。當下，我想像他就站在我面前，我知道在他身上有著我想要的那份自信與從容。接著，我想像自己慢慢地走近他，越來越近，感覺身體慢慢與他結合在一起，直到我將他完全「附身」在我身上。我覺得我就是他，內在充滿力量。那次試教，我獲得了滿堂喝采，深受肯定。

於是，我理解到，所有令我們感到羨慕或嫉妒不已的對象，在他們身上總是有著我們想要擁有卻欠缺的才華或能力，他們正是能幫助我們更加提升的人。只要我們將嫉妒轉換爲祝福、將敵意轉換爲欣賞，一切都不同了。

最後，身為一個成熟的人，我們必須時時刻刻提醒自己，避免把內心匱乏無力的訊息，有意無意地傳遞給我們的下一代。

我們可以讓孩子如實地認識這個世界以及周遭的人，但要避免讓孩子受到任何形式的比較，以使孩子能感受到自己正是獨一無二的，個人的重要性與價值感不需要透過任何比較來證明。

同時，**我們要教導孩子有欣賞的眼光，欣賞自己的獨特性，也欣賞他人身上的美好**。欣賞能讓我們品嘗到世間的多元與豐富；而比較帶來的嫉妒，則讓我們感受到世間的醜陋與危險。

第四章
你永遠無法為你的人生買保險

談後悔──

「你知道，根據統計，哈佛大學的畢業生就業後，每個人每月平均會規畫薪水的百分之幾用在保險支出上嗎？」

「百分之二十嗎？」我瞎猜一個數字。

「哈！沒有那麼多啦！差不多百分之十。」

我鬆了一口氣，我還以爲這檔事得花上我收入的五分之一，還好是十分之一；不過，對一個社會新鮮人來講，也算是一筆不小的負擔。

「這是該花的錢！想一想，每個月拿出薪水的百分之十，換來工作與生活上從此無後顧之憂，心裡也感到踏實，不是很划算嗎？」坐在我對面，一名西裝筆挺的男士，似乎看穿我的心思，要我放心地把名字給簽了。

這是我剛踏入職場的第一個月，第一份薪水還未入帳時，我便爲自己規畫好人生中可以想像到的各式風險的所有保障。這保障，指的是能用金錢換來的補償，現在定期投資一點點，未來若有需要，可以拿到一大筆「賠償金」，不用擔心突如其來的巨變。

矛盾的是，對大部分有購買保險的人來說，即使每月、每年繳納保險費用，卻一點也不想要哪一天用得上這筆理賠金。因爲，這意味著你的生活遭逢巨變，或你的家人正在受苦中。

買保險，買的是對未來在金錢使用上的安全感。理賠金可以彌補我們生活開銷或經濟上的困難及損失，讓我們有著還「過得去」的感覺。然而，我們卻無法透過保險爲我們人生的決定掛保證，尤其是得承受做錯決定的後果時。

去哪裡買個「做錯決定險」？

「男怕入錯行、女怕嫁錯郎」這句話在現在代社會雖帶了點性別歧視，但也直白地指出謀職與婚姻等都是人生大事，馬虎不得；一旦決定了，你得承受這決定帶來的種種後果，好與壞都逃不了。

我們可以爲生活中的疾病、受傷、意外與死亡等風險買保險，讓自己或家人不至於陷入經濟困頓；然而，卻沒有一種保險叫做「做錯決定險」，理賠我們人生中因爲做錯決定帶來的苦果。

事實上，人生的任何決定都沒誰可以為你掛保證，越是重大的決定越是如此。

有位女性友人告訴我，有個男生殷勤追她一陣子，最近告白了，她考慮著是否答應。「我該答應他嗎？不知道他是否適合我？」

「如果喜歡就答應吧！不交往看看妳怎麼知道適不適合？」

「萬一不適合怎麼辦？」

「妳怎麼不問，萬一適合怎麼辦？」我笑著說。

「我知道，但我就是擔心這段感情最後又沒結果，那該怎麼辦？」她是以結婚爲前提在考慮交往對象的，因此特別謹慎，會猶豫不決也可以理解。

「就算能走到婚姻，誰能保證你們的婚姻就會幸福愉快呢？」我說。

「唉！」她嘆了口氣。「是呀！好想有個時光機，可以到十年後去看看會發生什麼事呀！」也對，這樣就可以不用煩惱是否要跟誰交往的問題了，直接看結局比較快嘛！

她很猶豫，然而，她要的只是個保證，保證她做了這個決定不會錯，不會令她後悔。

事實上，這個保證是不存在的，任何決定都有風險，也正是如此，才總讓人三心兩意、躊躇無措。

在經濟學理論上，任何決策都涉及「機會成本」。所謂「機會成本」，指的是一個人爲了追求某項利益而做出某個決定，犧牲了眾多其他選擇中可能帶來利益的最高者，亦即「在眾多放棄的選擇之中，價值最高者」。

例如，你最喜歡吃的早餐依序是漢堡、蛋餅與燒餅，如果今天早上你選擇吃漢堡做爲早餐，蛋餅便是機會成本。經濟學假設人類行爲是理性的，會做出某項決策必定是經過審慎評估，而認爲機會成本的損失是可以忍受的。

問題是，人生問題的抉擇，往往不像決定吃早餐般簡單。我們或許可以知道漢堡、蛋餅與燒餅，何者較爲美味，但卻難以掌握究竟哪種食物對我一天的工作效率能帶來最高質量的養分。

當我決定與這個對象交往，意味著我必須放棄其他對象，而說不定另一個人才是我的眞命天子／女。對於背負婚姻壓力的人而言，則還有時間成本的問題，我將這段時間花在這個人身上，意味著我少了一段去嘗試其他可能更適合我的戀情的時間了。

「完美決定」的大夢

我們總是在做一個大夢，就是要求自己在人生的關鍵決定上，得做出一輩子不會後悔的選擇。

每年的某一段時期，總有許多高三學生拿著大考的成績來找我算落點、找科系。和現代的孩子們討論科系選擇可不容易，輔導老師得有好幾把刷子。

與過去的年代不同，現在的孩子不會只照著分數高低填志願、選科系；他們會考慮到自己的喜好、潛能，以及未來的產業脈動趨勢。這是個好現象，但輔導老師就得搬出許多客觀的評估工具，再佐以深入探究個人內心世界，引導孩子慢慢做出決定，可說是相當浩大的工程。

在忙於幫學生「算命」的同時，常發現總有孩子們經過幾番討論，就是無法做出決定。他們常問的是，萬一現在選了某個科系就讀，未來後悔怎麼辦？

「我沒辦法保證你不會後悔。」我兩手一攤。

「那麼，我還要選這個科系嗎？」孩子問。我反問他：「不選這個科系，有其他讓你感到更不容易後悔的科系嗎？」

「沒有……」孩子無話可說了。我了解孩子們的擔心，撇開念哪一所大學不說，我們總想著找到一個完美的科系去就讀。

所謂「完美的科系」，就是進入這個科系後，不但自己讀得充滿熱情，而且前景看好，畢業即就業，在職場上一路順遂，步步高升、勝任愉快，最後了無遺憾地退休。

人人都在做著類似「就讀完美科系」的大夢，大人如此，孩子也是如此。但讓人一輩子不會後悔的完美科系真的存在嗎？我想應該是存在的，不過，那真的是運氣非常好的人會碰上的事了。

在現今產業快速變動的時代，十年河東、十年河西，風水輪流轉，今天的熱門領域可能是明天的夕陽產業。就算外在世界不變，個人本身從沒停止變化過，內在的興趣、天賦、性格與價值觀也不斷在變；今天的你與昨天的你已經不同。漫長人生，要期待自己對同一個領域從一而終地永保熱情，其實有點困難。

我們都知道這不近人情，但我們卻始終如此期待著，於是我們與孩子都卡在難以做出生涯決定的困境中。

不過，我總是提醒孩子和家長要面對現實。這世界唯一不會改變的就是改變。改變已經是現代人職涯發展的常態，也就是「生涯不確定性」。同時，這也是生命的本質——無常。就如電影《阿甘正傳》裡的經典名句：「生命就像一盒巧克力，你永遠也不會知道你將拿到什麼。」（Life was like a box of chocolates. You never know what you're gonna get.）

早知如此，何必當初

我們害怕改變，所以我們期待自己做一次決定就要到位。

我們討厭麻煩，所以我們要求自己第一次的選擇就要正確。

更重要的是，我們厭惡後悔，爲了不後悔，於是我們三心兩意，永遠做不了決定。

後悔，是在發現做了錯誤的決定之後所出現的情緒。

後悔與決定是好朋友。後悔的出現，必然有一個或一連串的決定在前面，只是決定所帶來的後果不在我們預期之中——往往不是我們想要的。

後悔無所不在，因爲我們每分每秒都在做決定，做錯決定總是無法避免。

「早知道不要聽他的，就不會落入這般下場！」

「早知道別那麼衝動花這筆錢，又買了用不到的東西了！」

「早知道昨天別太貪玩，今天考試成績準慘了！」

「早知道就忍住別衝動，說出不該說的話，現在覆水難收了！」

「早知道心會這麼痛，當時就別跟他分手了！」

「早知道別貪嘴吃太多，體重又要增加了！」
「早知道當初應該讓孩子去補習，現在課業糟成這樣，沒救了！」
「早知道平時就該對父母好一點，現在想孝順都來不及了！」

我們時常活在「早知道」的自我對話當中，內心呈現的就是後悔的情緒。我們總是想著「早知如此，何必當初」，然而，我們永遠無法早知道，再料事如神的人也得接受「世事難料」這個事實。

後悔時，我們會對自己生氣，恨自己當初怎麼沒想清楚；我們會對別人生氣，氣別人當時怎麼沒有提醒自己。最終，我們會認爲自己是個失敗者，因爲做了錯誤的選擇；這意味著我們並非是個明智的人，根本不若自己想像的那般聰明，充其量只是與眾多「魯蛇」不相上下。

後悔，也意味著我們得面對做錯決定之後的痛苦，那往往不是我們想要的結果。有時確實是一種沉重的煎熬，但有時，只是錯過了更好的結果。不論如何，都得付出一定代價，這代價並不好受。

我們有時候甚至會無限上綱地想像這痛苦的代價會沒完沒了，甚至到了讓自己人生全毀的地步。於是，我們在還沒做決定之前就被「如果做錯決定」所帶來的可怕後果嚇到了，因此，我們拿不定主意，下不了決心。

怪罪別人很容易，正視自己的不完美卻很難

後悔最大的痛苦，除了是得面對實際上或想像中的代價外，更意味著，一旦做錯了決定，我們就得赤裸裸地承認自己不夠聰明，甚至很愚蠢。人總是逃避看到自己的陰暗面，後悔卻讓我們的「不夠好」無所遁形。畢竟，被歸類爲人生失敗組並不光采。正因爲如此，我們更想在每一個人生的重大決定中，做出最完美的決定。

但完美無瑕的決定只是個空幻的想像，對一個人看似絕佳的作法並不一定適用於另一個人。當時空遞嬗、物換星移時，當初所謂明智的抉擇很可能變成致命的錯誤，這是歷史不斷重演的戲碼。

所以，**害怕後悔而做不出決定，常常是沒辦法接受因為做錯決定而發現自己沒有想像中的好，內心裡無法接受自己可能是個「失敗者」的身分**。於是，我們就繼續堅持當一個不會出錯的人，永遠在人生的十字路口徘徊不定。

也因爲我們不願意面對自己可能做錯決定而成爲失敗者的可能性，於是我們總在詢問別人：「該怎麼辦？」美其名爲參考別人的意見，實際上是想要別人幫我們做決定；一旦後果不如預期，我們可以將責任歸咎於別人。

到時候，我們就可以兩手一攤，無奈地說：「當初是聽了他的建議才這麼做的，我也不願意呀！」

但是我們卻忘了，是否聽取別人的建議，也是我們可以決定的。最終，我們只不過是不敢爲自己的錯誤負起責任而已。畢竟，要承認自己失敗、正視自己也有不完美，總令我們感到痛苦萬分。於是，許多人總是把人生成敗的主導權交給別人。

從「後悔了該怎麼辦?」到「後悔了又如何?」

在決定未來的生涯方向上，即使我們功課做足了，充分掌握資訊了，仍然會感到徬徨。

孩子們常問我：「我怎麼知道我對這個科系會一直感興趣？」「我怎麼知道讀這個科系未來會有前途？」「我怎麼知道我是讀這個科系的料？」「我怎麼知道選擇 A 校系或 B 校系哪個比較好？」

對於未來，你永遠會有無限多的問題，這些都來自於你內心深處的不安，也沒人能給你任何保證，因爲這本來就沒有標準答案。

「後悔了怎麼辦？」孩子問。我說：「你該問的是：『後悔了又如何？』」後悔，不代表你做錯了；後悔，不代表你不負責。相反地，後悔，是在提醒你該有所行動做出改變了。識時務者爲俊傑，懂得當機立斷、懸崖勒馬的人，才是爲自己人生負起完全責任的人。

這是一個選擇過多，多到難以做出決定的年代；同時，也是一個處處充斥機會，甚至可以憑自己創造機會的時代。後悔了，你的選擇永遠不會只有一個。你可以選擇調整自己的心態，甘於繼續留在原地耕耘；也可以嘗試轉換跑道，人生很長，永遠有再決定的機會。

重要的是，你得在內心裡保有一份充滿彈性的態度。

人生不是得到，就是學到，看似錯誤的選擇，也能在其中獲得寶貴的經驗。至少，過去的選擇讓我們知道，我們該有所不同。

所有負面情緒都有正向的價值，不是帶給我們更多力量，就是爲我們指引一個新方向。**後悔，便是在告訴我們原有的決定行不通，該轉向了！就只是如此而已。轉個方向很麻煩，沒錯！但終究會到達目的地，比堅持走那永遠不會抵達的老路還來得有效。**

如果因爲怕轉向而杵在原處什麼都不做，那麼始終達不到終點！**後悔並不可怕，可怕的是堅持停留在後悔中卻不願意改變的心態。**

後悔是要我們轉個彎，讓自己更有彈性

在「簡快身心積極療法」的基本假設中，認爲凡事都應至少有三種解決方法。「不採取行動」是一種方法，「採取過去無效的解決策略」是另一種方法；而爲了突破，我們將焦點放在找出第三個方法上。有了第三個方法，便會有第四、第五個方法。

當一個人擁有更多解決問題的選項時，便會感到更有希望，內在有力量，充滿行動力。

最靈活、有彈性的人，總是有最多選項的人。他可以在面對不同的時空環境與不同形式的困境難題時，靈活運用手上各種方法與身邊的各項資源。他不會執著於用重複的方式做重複的事情，最後帶來相同的無效結果，也不會就此卻步不前。因爲他知道，只要願意做點不同的事情，結果永遠會不同。

「簡快身心積極療法」又主張：沒有失敗，只有訊息回饋。**所有的失敗，都在告訴我們使用了無效的方法罷了！後悔，正是一種回饋訊息，透過後悔這份情**

緒，讓我們知道我們該轉個彎，改變策略。

如果停滯不前，那才是眞正的失敗；若願意調整作法，再嘗試一次，便能從失敗中學習，獲得成長。

沒有人是完美的，因此沒有人不犯錯，當然也沒有絕不會後悔的決定。**最靈活、有彈性的人，永遠不會讓自己沉浸在後悔當中，或將後悔與失敗畫上等號。而是在感受到後悔這份情緒時，允許這份情緒存在，同時將這份情緒當作一種回饋，從中學習。**

於是，他不需要因後悔而感到哀怨，又將力氣花在對抗那份不舒服的心情上，而能夠將更多力量拿回來，放在思考其他作法、採取其他方案上。

他也不會因爲一次的後悔而害怕做出下一次的決定。因爲，他知道後悔永遠有可能發生，後悔只是在告訴我們該轉換方向。那只是個訊號，而不是世界末日。

我們永遠無法爲我們的人生買保險。沒有人能夠保證我們的任何行動可以爲自己帶來絕對的成功快樂；人生的成功快樂與否，取決於我們如何持續耕耘，絕非現在的選擇決定未來的一切。所以，我們得懷抱著希望，同時也做最壞的打算；

永遠樂觀向前，爲下一次的生涯決定作準備。

其實，就是「盡人事、聽天命」的道理罷了！現在盡一切努力做出對現階段而言最好的選擇，然後坦然地面對與接受最終的結果，不管是好的或壞的。

你永遠有再度選擇與翻盤的機會！

傾聽內心的智慧

人生中總有大大小小的決定，每個決定都會牽涉到不只一種選項。一個理性的人會審視每一個選項的利弊得失，在充分思考與比較之下，選擇價值最高且代價最低的那個選項。問題是，心理學與行爲經濟學家總是告訴我們：「人一點都不理性」。

事實上，人在抉擇時，是透過兩種方式並行的。一種是純粹理性的程序，也就是將每一個選項的利弊得失進行透徹的分析，甚至加以量化，得出最符合個人價值且需付出的代價最低者，這是在意識層面運作的抉擇方式，牽涉到有意識的邏輯推理與分析。

另一種是將選擇交由我們內心的感受來負責，是啓動潛意識的智慧，牽涉到的是我們的情緒、本體感受、經驗性記憶與本能反應。若意識與潛意識的觀點一致，做決定便容易得多，此時個人處在身心一致的狀態中，依照這個選項去行事，常能有最爲滿意的表現與結果。

當意識與潛意識的意見相左時，意識往往屈居下風。潛意識才是眞正左右人生大小決定的主宰者。遺憾的是，我們往往忽略了潛意識的聲音，看不到潛藏在我們內心深處的大智慧。

簡快自助技巧　左右兩條路

在「簡快身心積極療法」中，有個做決定的技巧稱做「左右兩條路」，是當我們進行了所有理性分析後，仍無法在幾個選項中做出選擇時，可以將決定權交由我們的潛意識來主導，亦即傾聽內心的聲音。

諸如選擇工作、選擇居住地點、選擇就讀科系、選擇發展領域、選擇解決問題的方法……等，只要是涉及一個以上的選項，而不知道該如何決定時，都可以使用這個技巧。如果選項眾多，超過三個以上時，請先將選項透過理性分析的方式，刪減至最多三個。

舉例而言，現在你面臨A與B兩個選項，難以做決定時。「左右兩條路」技巧的操作方式如下：

①站立在一處較寬廣的空間中。想像前方有兩條路，分別代表A選項與B選項，這兩條路以你現在所站的位置為起點，分別朝向你的左前方與右前方延伸（若有三個選項，則在你站立之處的前方設定三條不同方向的路徑）。

②做幾次深呼吸並放鬆自己後，先踏上A選項這條路。睜開眼睛或閉上眼睛想像一下，當選擇了A選項後，在第一個月內，會發生什麼事情？你會看到、聽到以及感覺到什麼？充分感受後，再繼續往前

走，來到選擇A選項的三個月後，你會看到、聽到以及感覺到什麼？

接著是半年後、一年後、兩年後……

③在探索的過程中，盡可能注意：在不同時間點時內心與身體的感受，是舒適自在的，還是緊張有壓力的？完成A選項的探索後，離開A選項的路徑。深呼吸，動一動身體。接著深呼吸放鬆自己，準備好後踏上B選項這條路，探索方式與在A選項時一樣，特別注意過程中自己內心與身體的感覺。

④完成B選項的探索後，離開B選項路徑，回到原點。深呼吸，動一動身體。接著靜下心來比較在A選項路徑與B選項路徑探索過程中內心與身體感受的差異，哪一個是較為輕鬆自在或者感到更多力量的。此時，你要的答案將會清楚浮現。

⑤在路徑中進行探索時，究竟哪一個時間點停下來充分感受，以及要延伸到多久以後，可以依照決定的性質自由決定。小的決定也許一天、兩天，甚至幾個小時後，重大決定則可能五年、十年，甚至更久。

每當做完這個技巧，我們往往會發現，自己的內心早就幫我們做好了決定。我們只要更勇敢、更負責任地朝著那個選項所指引的方向，大刀闊斧地去執行就是了。

即使如此，這世界上仍然沒有完美的決定，你也無法爲你的人生買保險。你只能盡人事、聽天命。後悔了又如何，轉個彎就好，做個靈活、有彈性的人吧！

第五章
有人陪很好，一個人也很自在

談孤單——

大學時一次週末假期，室友回家的回家，出遊的出遊，由我留守寢室。沒事先規畫假期的我，頓時間有種孤伶伶被拋下的感覺。

置身偌大的校園，恍若空城，我彷彿被世界遺忘了。

我無奈地在當時還盛行的ＢＢＳ上胡亂逛，試圖找到是否有人跟我一樣——落單沒人約。

沒想到，流連在網路上的網友也少得可憐。眼尖地發現一位學姊的蹤跡，連忙丟訊息給她。聊了一會兒，知道她待會兒有計畫，只是還沒出門而已。我很羨慕她有事可做，跟別人在一起。我訴苦地說：「我好可憐，都沒人找，無聊到快發瘋了！」

「究竟是沒事做、很無聊讓你快發瘋；還是沒人找、很孤單讓你快發瘋？」

我想了想：「是沒人找吧！有人陪著，做什麼都好。」

學姊回了我一則訊息：**「人越長大，越要擁有自己陪伴自己的能力。」**當時的我還不明白，只覺得心頭被震了一下。這句話耐人尋味，當年齡再大一些時，我逐漸明白，這句話的箇中眞諦。

不想被忽略——在關係中感受自己的重要性

小時候，我常嚷嚷著：「好無聊！」每到假日總要呼朋引伴找點事做。上了國中，課業逐漸占據我生活中的大半時間；但一有空閒，我立刻拿起電話約同學出去。如果沒辦法出門，也要講電話把閒暇時光耗掉。

我一直以爲自己只是怕無聊，閒不下來，非得找事做不可。漸漸地，我發現自己其實是討厭孤單，不喜歡一個人。

我強烈渴求在人際互動中獲得樂趣；或者，透過人與人之間的相處，感受到自己的重要。

說是無聊，事實上也是孤單的一種形式。

「無聊」這個詞拆開來看，就是「無」與「聊」，也就是「沒有對象可以聊」。

當你覺得沒有人陪在你身邊，沒有可以聊天說話的對象時，那種感覺就是孤單。

有人告訴我，他絕不會自己一個人去外面吃飯。

「感覺起來很孤單呀！一個人耶！」

「那你怎麼辦？」

「只好外帶囉！」

好像真的如此。大學時有一陣子我獨自外宿，三餐都得在外解決。沒約到人一起吃飯，我絕對不會在店內用餐。看著一群又一群、一對又一對的人們邊吃邊聊，有說有笑，對照自己的形單影隻，孤寂蕭條呀！

有個很矛盾的心理現象，在公共場合中（如公車、圖書館、電影院）選擇座位，當只有自己一個人時，我們傾向選擇不跟別人比鄰而坐，盡量與陌生人保持一定的距離。

然而，若在一輛公車上，座椅是兩兩成對，整輛車坐滿了乘客，唯獨你的座位旁邊還有個空位，你有什麼感覺呢？大部分的人反而感到尷尬不自在。

「會不會是我哪裡怪異？不受歡迎？」顯然，我們會與他人保持一定的人際距離，卻更討厭發現自己是落單的孤鳥。

我們總是需要在人際關係中看見自己的重要性。當有人願意接近我們、接納我們成為他們其中一員，而不是忘卻我們，或對我們視而不見時，我們覺得自己是受到重視的、有價值的、被肯定的。

任孤單割裂你的心——關係霸凌

曾經與一個孩子會談了一陣子，她的主訴問題是人際關係困擾——覺得不受歡迎、被排擠、沒朋友，缺乏歸屬感。在一次班級的衝突事件之後，她難以面對同學，不想進班上課，起了休學的念頭，於是被導師轉介至我這裡。

一開始，因為情緒狀況極不穩定，我們每週見面晤談兩次，漸漸地變成一週一次；我觀察到她的神情，從低落、緊繃與難過，逐漸轉為自在、放鬆，甚至有了些許笑容。雖然仍時常低著頭，但我知道她的能量漸漸恢復，足以靠自己的力量面對同儕相處的壓力。

眼見，是可以結案的時候了，於是我開口提議暫時結束會談。霎時間，坐在我對面的女孩原本輕鬆的表情，頓時凝重了起來，低下頭，沉默不語，兩行淚水從臉龐滑落。我問她怎麼了，她只是搖搖頭，一句話也不說。

我不懂，在會談中她的狀況越來越穩定，也展現了更多笑容與能量，爲什麼一提到結束會談，就變了一個人似的？她泣不成聲、無法言語。我拿出紙筆，請她在紙上寫下目前自己的情緒狀態。

孤單、受傷、害怕……

正當我默默地揣摩她內心的小劇場時，她抬起頭，說話了：「我還是沒辦法面對課堂上分組活動這件事……」我疑惑了，示意她繼續說。

「沒來這裡跟你談話，我就得去上體育課。體育課要分組活動，我怕沒人要跟我同一組呀！」我慢慢想起來了，這孩子總是挑體育課的時段來談，我不疑有他；而害怕分組落單這件事，也是我們曾經討論過的話題。

原來，這孩子的「孤單」「受傷」與「害怕」是來自於對課堂中分組時可能

落單的擔心，定期來找我晤談，只是她用來逃避體育課分組活動的方式。

一旦你被標定爲班上不受歡迎的人物時，每當要參與團體活動，你可會痛苦萬分。正因爲如此，每一個孩子在求學過程中的某一個階段，總是體會過有那麼一整天處在惶恐中，擔心著會被討厭、孤立與排擠。

在學校裡擔任輔導教師，最常接觸到的就是學生之間的霸凌問題。

霸凌事件處理起來總是相當棘手，原因在於大部分的霸凌行爲總是以很隱微的方式出現。肢體或口語上的攻擊、侮辱、恐嚇、威脅，這類型的霸凌還占少數，多的是透過排擠、孤立、疏離，或在網路上的圖文影射等途徑爲之，也就是「關係霸凌」。

關係霸凌主要是透過設法破壞被害者與其他人之間的人際連結，讓他長期處在孤立、落單或不受歡迎的情境之中。

當你遭受關係霸凌時，會有很長一段時間，沒有人要跟你同組做報告、出遊或一起打球、運動；團體中有要事宣布時，你總是最後一個才知道。

原來與你要好的夥伴，一一離你而去。不再找你一同去上廁所、買便當、打掃環境，看到你便敬而遠之。每天到學校來，你都被同學當成空氣；遇到需要與同儕互動的時刻，你便緊張尷尬，因爲同學總是對你不理不睬。

不是每個同學都想如此對待你，但是沒有人願意跳出來解救你；他們袖手旁觀，是因爲需要與大多數人一樣，才能確保自己不是下一個倒楣鬼。

霸凌者不需要動手攻擊，只要使點小手段，讓系統動力產生變化，讓團體中的人一一對你冷漠疏離，就夠你難受的了。

遭受霸凌本身很可怕，但更可怕的是長期受霸凌的過程中，沒人理解、陪伴與支持，此刻你是孤立無援的！同儕關係是吸引孩子樂於上學的重要原因，但同儕相處也是兒時恐怖經驗的來源。教室可以是樂園，也可以像地獄。

孩子的世界，其實一點都不單純。

孤單提醒我們建立有意義的人際連結

孤單是一份非常複雜的情緒，不只是因為沒人在身旁陪伴，缺乏支持、少了

情感連結，而有「只剩我一個人」的感覺；其中還夾雜著自我價值感的失落。

在孤單時，我們會自我懷疑，想著是不是「我不受歡迎」「我不夠好」「我不值得被愛」？我們感到恐懼，因爲處於孤立無援中，沒有人與我們一起面對困境；我們自怨自艾，覺得自己被世界遺忘了，可憐至極；甚至，我們感到內心空洞，了無生氣，不知道該做什麼好而不知所措。

所有負面情緒都有正面的價值，傳遞某些有用的訊息給我們。**孤單這份情緒，正是在告訴我們，我們需要為目前的生活尋找並建立起有意義的人際連結。**

什麼是「有意義的人際連結」呢？

就是與你之間存在著深層關懷、陪伴與支持的關係形式，不論親情、愛情或友情；不是出自於利益交換、也不是出自於禮貌性的同情，而是彼此發自內心地在乎對方。

判定你與某人之間存在著有意義的人際連結的一個指標，便是**你們之間的對話內容，有大部分會是聚焦在個人化的議題上，亦即個人的思想、觀點、情感、願景、期待、決定……等。**

有些人有一籮筐的朋友，卻總是感到孤單，甚至朋友就陪在身旁，仍然感到內心空虛寂寞。那是因爲「終日群居、言不及義」，沒有人可以讓他敞開胸懷自在地訴說自我，沒有人關心他的情緒感受，沒有人眞誠地與他會心交流。身旁的朋友多是泛泛之交，並不存在著有意義的人際連結。

正向心理學家不斷強調，「正向人際關係」是增進幸福的關鍵要素之一，**生命中有越多人在乎你，你將擁有越高的生活滿意度**。

哈佛大學心理學博士丹尼爾．高曼在其著名的著作《SQ》中提到，他從一系列的社會神經科學研究中發現，**人類的大腦設定原來是用來適應社會生活中的各種情境，而解決問題的能力只是社會適應能力的副產品**。

就演化的觀點而言，越高等的動物、越能在群體中適應良好並善用群體優勢的物種，其子代也越能在演化的競爭中被保留下來。因而，人類演化至今，個體大腦神經系統設定的目的，就是要用來適應社會生活的，稱爲「社會腦」。

「社會腦」的最重要任務，是與他人發展出正向的關係，這在原始時代能確保我們的祖先有強大的盟友共同抵禦威脅。

當我們不被任何人關心、在乎時，便等於被逐出群體之外，即使沒有遭遇立即的危險，在孤立無援下，腦中的情緒警報器仍會不斷響起，孤單的情緒使我們痛苦，傳遞出一種訊號。若我們聽得懂，這份痛苦的感覺正催促著我們快去與他人建立起有意義、緊密的關係連結。

自我破壞的行為來自於關係的斷裂

有意義的人際連結，對我們的生存而言具有莫大的功能，同時還能增進我們的生活品質與幸福感。相對的，生活中缺乏有意義的人際連結，或者關係品質惡劣，卻可能帶來巨大的災難。關係霸凌中受害者的遭遇便是一例。

最早的人際連結，來自於我們與父母的關係。與父母之間關係的品質，影響個人日後所有人際互動，以及是否具有與他人發展有意義的人際連結的能力，包括愛與被愛的能力。

孩子長大後的許多自我破壞行為，包括暴力、飆車、各種成癮行為（酗酒、

毒癮、網路沉迷……）、性濫交、輟學、自我傷害……等，都和他們與生命中重要他人之間關係連結的斷裂有關。通常是與父母的關係，長期處在緊張、衝突、對立或疏離之中，最嚴重的便是不接受自己的父母。

英國知名的雜誌編輯約翰．海利前一陣子在TED上的演講〈你對上癮的所有認知都是錯的〉，顛覆了我們對於成癮行爲的觀念，引起眾人的高度關注。

約翰．海利花了三年的時間，鑽研大量有關成癮的研究、訪談戒毒領域的專家學者，甚至與毒癮患者接觸，發現：以往我們認爲造成成癮的，是毒品中的化學物質與人體交互作用後，使得人們開始無法自拔地依賴成癮物質。然而，這些並不是正確的；**成癮的最重要原因，來自於生活中缺乏健康的人際關係。在關係連結的斷裂之下，個體開始與毒品產生連結**。

約翰．海利說：「成癮的反面不是清醒，而是『連結』。」

在我服兵役的時候，擔任的是中輟生教育與輔導的替代役男，我的工作是到各國中去輔導與協尋中輟生。大部分輟學或出席率不穩定的孩子，白天沒來學校並不是到處鬼混，而是待在家裡睡覺。

我時常到孩子家裡去找人，通常是祖父或祖母前來應門，把我帶到孩子的床前。老人家無奈地告訴我，這孩子怎麼樣也叫不起床。我把孩子硬挖起來，看著他睡眼惺忪且不情不願地梳洗換裝，背起什麼也沒裝的空書包，緩步地與我上學去。

才國中而已，這些孩子爲什麼把自己搞成這樣？在孩子清醒之際，我與他們閒聊，聽他們說，他們總是徹夜掛在網路上，直到清晨才睡。

我以爲他們是對學校課業不感興趣，時常勉勵他們不要自甘墮落，或者要他們的家長多多督促他們。然而，靜下來與他們聊聊時，總是可以從他們口中聽到家中如連續劇般的故事情節：單親、隔代教養、父母失聯（入獄、跑路、出外工作）、家暴、兒童虐待，甚至亂倫。

這些孩子談起自己的父母，眼神中總是帶著對父母的恨意，或者用疏離、不在乎的語調談著家中的長輩。

這些孩子在家中，與父母之間的關係連結大多是斷裂的。他們沉迷於各種形式的網路活動，以致荒廢學業、作息混亂，甚至到了輟學的地步。逐漸地，在學校也成了邊緣人，同學不再跟他們互動往來，師長也不想理會或花心思在他們身上。在他們的生活中，沒有任何有意義的人際連結。

即使處在看似功能健全的家庭中，有許多孩子仍會出現各種自我破壞的行爲。**若是家庭中的互動氣氛是緊張、高壓的，即使有著關係連結，但連結的品質是令人痛苦有壓力的，孩子們也會選擇主動在情感上切斷與家人之間的連繫。**

這些孩子大多不接受自己的父母，他們埋怨父母、痛恨父母、無法原諒父母；他們不想提起父母，在心裡沒有給父母一個該有的位置。

然而，我們的生命來自於父母，有一半會活出父親的樣子，一半活出母親的樣子。**若不接受父母或其中的任一方，就是不接受自己的生命。於是，我們便會有意無意地透過各種方式毀掉自己的人生，讓自己在課業、前途、感情、人際關係、事業與財富等方面無法成功；最極端的，便是結束自己的生命。**

情願孤單，避免與人接觸

「當你半夜三點感到心情極度惡劣，甚至想要自殺時，有誰是你可以撥打電話去傾訴甚至求救的對象？」

我對著眼前的大四孩子，認眞地問了這個問題。孩子沉思了一會兒，搖搖頭說道：「老實說，沒有！」

這是一個即將從大學畢業的男同學，發現自己的生活長期處在一團混亂中，向朋友打聽之下，找到我。

他除了上課以外，鮮少與同學互動或打交道，是班上的邊緣人物。同學對他沒什麼印象，只覺得他是個宅男，整天窩在外宿的套房裡足不出戶、不修邊幅，甚至舉止怪異。

這孩子沒人緣嗎？他的臉書好友人數破千，他加入也成立各式網路社群。他不說，同學們沒人知道他可是虛擬世界中的人氣王。

然而，他唯一與別人有較深入的實體互動，大概是每年一次的臉書社團聚會；

其他時間，他與人們打交道的方式都是透過網路。

「這樣的生活，事實上很孤單吧！」我試著同理他。

「嗯！」他抿著嘴唇，「我真的覺得很孤單。可是，我寧可孤單，也不要和其他人有太多互動。」他看著我：「我討厭處理人際關係中複雜的問題。」

他是一個不擅長也不願意在眞實世界中與人建立有意義連結的人，對於關係連結的需求，只能透過網路社群來滿足。但上千位網路好友仍然無法填滿他內心因爲關係匱乏而產生的巨大空洞。

現代社會中，這樣的例子並不少，或許你也是如此。

你討厭人際互動，因爲與人來往有一大堆人情世故要顧慮。交往越深，便發現每個人擁有不同的個性、特質、喜好、價值觀、脾氣與地雷。你覺得這太複雜了，經營人際關係是一件很累人的事情。

你以爲你只是內向，不擅長社交；你躲在自己的世界中，覺得自在多了。逐漸地，你發現身旁有意義的人際連結逐漸消失，當你需要時，竟想不到任何可以求助的對象。

我的大學恩師告訴我：**「在你的手機通訊錄裡，至少要有三位在你半夜需要求援時，會願意接你電話、聽你訴說的人。」這正是擁有健康的人際關係。**

此時，你真切地感到自己是孤單的。你覺得很悲哀，自己怎麼會讓自己陷入這步田地？你很想改變，然而，比起孤單，你更害怕與人接觸時的各種麻煩。

甚至，你也躲著家人。因爲，原生家庭中的成長經驗，正是讓你對接觸人群退避三舍的來源。

生命中最重要的關係，是與自己的關係

孩子需要在成長過程中體驗到高品質的關係連結（或稱依附關係），才能在長大後成爲一個足夠成熟的人——**有能力與他人建立有意義的關係連結，能夠信任自己與他人，在關係中感到安全，對他人能展現同理心與關懷，同時不失去自己的獨立性。**

然而，沒有天生完美的父母，每個父母都帶著其成長的包袱進入親職的角色

中，因此在孩子的教養上總有局限。焦慮不安的父母、冷漠疏離的父母、時而熱情時而忽略的父母，甚至憤怒失控的父母，在不同的家庭中影響著孩子日後人際關係經營能力的發展。

我們無法選擇自己的出身，是父母將我們的生命帶來這個世上的，我們終究要接受父母，並且感謝父母。我們可以選擇的是，重新陪伴自己成長。

現在，請找一張紙，在上面寫下在你目前的生活中，對你而言最重要的三個人。我想，這不需要花費你太多的時間。

也許，你寫的是你的配偶、你的孩子、你的父母、你的手足，或者你生命中的貴人。請再看一次，這三個對你而言最重要的人之中，是否有一個人，正是你自己？

沒有，對不對？大部分的人都不會把自己寫上去，我們總是忽略了自己在自己人生中的重要性。

然而，這世界上最重要的人際關係，便是你與自己的關係。只有你搞定與自己的關係，才有能力搞定與他人的關係。

不懂得愛自己，你無法愛別人，更無法擁有被愛的能力；不知道尊重自己，你只會看輕別人，不把別人當作一回事，更別想獲得別人尊敬；對自己沒有足夠的信任，你也不敢信任別人，在關係中總是缺乏安全感。

也許你很幸運，你的身旁有著許多有意義的人際連結。然而，我們在生命中某些時刻，仍然會感覺到孤單。

例如，追逐夢想的過程，常是孤單的。再多的人關心你，你仍然覺得沒有人懂你，沒能獲得支持肯定。外界是如此吵雜，蓋過了你內心裡原本堅定的聲音，你好想放棄，好想投入每個人的懷抱中。

再多、再好的人際連結，終究只是你生命旅途中的過客，他們來來去去。真正能陪伴你走完人生全程的，只有你自己。也只有你自己，能為你的人生負起完全的責任。

簡快自助技巧　接受自己，學會自己陪伴自己

為什麼你會感到孤單？那是因為你從來沒有好好地陪伴過自己。

你是否時常靜下來傾聽內心的聲音，近距離去接觸內在的感受？

每當各種情緒升起時，你是否願意完完全全地去體驗、接納與承認，而不是設法排拒、對抗或忽略？

你是否時常同理自己、呵護自己、撫慰自己長年受傷的內在？

這便是陪伴自己的方式！一點一滴地，你會開始長出力量。

所以，當你感到孤單難耐時，請去接近這份情緒，而不是設法甩掉它、擺脫它。那是內心深處發出來的聲音，如果忽視它的存在，便是在忽視你自己。久而久之，你將離自己越來越遠，你終將是孤單的。

請記得，接受這份情緒的存在，給它空間，從中去學習。孤單這份情緒，往往是在提醒我們，現在的生活中缺乏有意義的關係連結，你得設法去追尋或建立。認清這一點，你便能將花費在排拒與對抗孤單這種情緒的力量拿回來，放在發展

有意義的人際連結上。

然而，你會發現，你在發展與建立人際關係上確實是有困難的，否則你不需要落到孤單的下場。

你覺得經營關係是件麻煩事，你難以信任他人，你害怕被拋棄，你擔心付出無法獲得對等的回報；你常在別人還沒討厭你之前先離開對方，你總是有意無意地毀掉自己與他人好不容易經營起來的關係。

現在，請你回到自己的身上，好好地陪伴自己吧！與自己建立起起安全穩定的關係。請時常用溫柔低喃的聲音，對著自己的內在，輕輕地低聲細語。找個安靜的空間，花一些時間，做下面的練習：

①坐下來，做幾個綿長的深呼吸，並且讓自己放鬆下來。

②在內心裡浮現一個「成長中的自己」。成長中的自己可以是幼時的你、長大後的你，或者昨天的你，只要是在此刻之前的自己都可以。讓內在影像自行浮現，信任你的潛意識會為你做出最好的選擇。

③仔細觀察在你眼前的這個成長中的自己，看看他正在做些什麼，臉上有什麼表情，體會一下他的內心狀態，有什麼情緒感受。

④用溫柔的語氣與成長中的自己對話：

謝謝你！

這麼多年來，你經歷了許多事情，有了很多學習，才有現在的我。

現在，我要感謝你，幫助你，給你支持、保護，與你在一起。

⑤繼續感受眼前這位成長中的自己的情緒感受，並且用你的方式，表達你對他的同理、接受、肯定、讚賞與認同。例如：

委屈你了！

沒有人天生是完美的，在這麼小的年紀，你能夠如此堅忍地撐下來，是多麼不容易的事情呀！

我知道你盡力了，也受委屈了。

同時我謝謝你的努力，沒有被打倒，才有現在的我。

⑥完成對話，看著成長中的自己表情漸漸轉變為放鬆和緩時，便可以伸出你的雙手，告訴他：

是我們連結在一起的時候了。

想像著他一步一步地走近你，也伸出了雙手；你把他拉過來，擁入懷裡，給他力量，讓他感到溫暖、放鬆。並且在他耳邊低聲說著你想對他說的話，也聽聽他對你說的話語。

⑦對著成長中的自己說：

我倆以後不會分開，一同快樂地在人生中前進。

接著，感覺兩人的身體漸漸融合在一起，讓那充滿力量的感覺儲留在身上。

上述技巧為「簡快身心積極療法」中「接受自己法」的簡化版，更複雜的步驟用於處理成長過程中的創傷經驗，透過一點一滴將兒時經歷加以整合，慢慢地使自己更爲完整。而這正是一種自己陪伴自己、自己與自己在一起的過程。

當你能夠學會「自己陪伴自己」，你已經在療癒自己於原生家庭中所受過的傷。你可以理解父母，同時接受父母；你更可以理解自己，同時接受自己。於是，你準備好與他人建立並發展出有意義的關係，同時不在關係中失去自己的主體性。

此時，你會發現，有人陪伴很不錯，一個人也可以很自在。

第六章
你在害怕什麼？
想像往往不等於真實

談恐懼——

很多人以為我很外向，能言善道又會交際，不論對上對下都可以應對得宜。事實上，我是個彆害羞的人。

「別鬧了！你會害羞才有鬼！」這是我常得到的回應。仔細想想，其實不是害羞，正確來說，應該是有「權威恐懼症」。

「權威恐懼症」指的是面對威權、強勢或有權力的人物時，感到極度恐懼、不安、害怕或不知所措，輕則語無倫次、不知所云，重則腦袋當機、無法言語；只要想到即將要與權威人物碰面談話時，便可以焦慮上好幾天。

別查了，精神醫學中沒有這個診斷，是我自己發明的。

我的權威恐懼症

第一次知道自己害怕權威，是在國小低年級的時候。平常我就像一般的小男孩，與同學玩耍時，可以使勁地鬼吼鬼叫。但有幾次需要與老師講話時，像是碰到老師要問好，上課被老師點起來回答問題，或者去找老師詢問事情時，我的聲音突然變得又細又小聲，不再像平時中氣十足。

我頭一次感到納悶：「我到底怎麼了？」

上了國中，因爲功課好，深受許多老師喜愛，在與師長一般性地互動時，多半自然又有自信。印象深刻的一次，是國一被班上同學推舉爲班長，在一次全校性的集會中要向學校反應班上的需求。我們班是全年級的第一個班，我自然是第一個拿到麥克風對著臺上長官發言的人。

「我們班建議學校能讓我們在教室裡掛個時鐘。」我順暢地將昨天班會討論過的第一個結論說出來，正準備說第二項時，校長開口了。

「那麼，你們是想要由學校統一購買，還是要用班費自己出錢？」我楞在那裡，心裡慌了起來：「慘了！慘了！沒討論到這一點，要怎麼回答校長才好？」全校師生，包括校長在內，直盯著我看，都在等我的答案。「廢話！當然是學校出錢呀！不然還建議這個幹嘛？」我心裡想著，就是說不出口，因為昨天班會沒討論到這個呀！那麼，快說點什麼呀！別像個呆子站在那裡……

很遺憾，我的嘴裡就是吐不出半個字。

不知道過了三十秒、一分鐘、三分鐘還是五分鐘？反正在我心裡像是三年這麼長的時間，校長開口了：「好啦！看來沒答案。換下個班好了！」我癱軟無力地坐了下來，任務失敗！

我更深刻地察覺到，面對有權力的對象時（不一定是壞人或脾氣不好的人），我是感到恐懼、不安與內心慌亂的。就算可以開口講話，也只是很表面、連客套都稱不上的話，而且要在心裡打好草稿，外加模擬演練一萬次。

更明顯的是在大學時代。大學的生活圈不大，隨時都有在路上與教授狹路相逢的機會。若是教授從遠處向我走來，就要迎面對上了，十次中有八次我會選擇繞路（如果我們的距離夠遠，也剛好有岔路時），或者假裝沒看到（低頭沉思、左顧右盼，手裡有資料就翻資料、沒資料就看指甲剪了沒）。

年紀漸長，這個問題也改善了不少。然而，即使現在是個學校裡的老師，遇到校長、主任級的人物，或者資深的教職前輩，仍然感到戰戰兢兢；更別提什麼校友會、獅子會、家長會來的委員或顧問之類頭銜一大堆的人物，能閃就閃，能低調就低調，最好都不要被發現，否則又會杵在那兒說不出話來。

我時常思考，我對權威的恐懼，究竟是從何而來？

想像中的恐懼，強過於對真實情境的恐懼

恐懼是演化上相當原始的情緒，可以幫助我們躲避危險與威脅的情境，或者進入戰鬥的準備狀態。因爲知道要害怕，所以我們會刻意避開危險，也知道要用什麼方式因應威脅。

「恐懼」與「焦慮」是相當類似的情緒，在情緒分類上常被歸在同一類。兩者的區別在於害怕或憂慮的對象是否眞實存在。恐懼通常具有特定明確的對象，而焦慮則是面對曖昧不明、未知或不一定眞實存在的處境時。

人們恐懼的對象五花八門，有些是大多數人共同害怕的事物，有些則令人匪

夷所思，例如恐懼密集畫面（蜂窩、蓮蓬等）、恐懼尖銳物品、恐懼巨大物品、恐懼數字、恐懼鈕釦、恐懼某種特定形狀、恐懼坑洞、恐懼鏡子……等。

恐懼具有生存適應的功能，但恐懼反應則爲人們的生活造成許多困擾。因爲在恐懼當下，人除了本能性地想閃躲外，也時常伴隨著心跳加快、呼吸急促、肌肉緊繃、甚至胃痙攣等生理反應，這便是所謂的「應急反應」，在生理上幫助我們隨時準備好戰鬥或逃離危險。恐懼不是病，怕起來眞要人命，過大的恐懼反應往往令我們很不舒服，最極端的是出現「恐慌」的狀態，如非親身經驗，永遠難以體會恐慌找上門來時的痛苦。

在巨大恐懼情緒的當下，身心資源全都集中在可以維持基本生存功能的身體部位，大腦往往處在半當機的狀態，此刻所做的決定常憑直覺，無法理性思考。

時至今日，我們已不像原始時代的祖先，處在隨時被野獸一口吞掉的險峻環境中了；**我們內心所恐懼的，更多是想像出來，而非真實存在的情境，這也讓我們常生活在猶豫不決、裹足不前中**。

例如，當你要去參加一場求職面試，前一晚你心裡想著：「依我的資歷，大概不會受到青睞；沒被錄取就算了，說不定還會被刁難。他們會不會覺得我太不自量力了？萬一我緊張到講話語無倫次，不就更丟臉了！」你想越擔心，越想越害怕，於是你盤算著乾脆放棄這次機會好了。

又比如說，你欣賞一位心儀的對象多時，很想向他告白。有一天股起勇氣，做了點安排，準備在適當的時機開口傾訴愛慕之意。就在採取行動的前一刻，你的腦袋裡響起各種聲音，你想著：「對方會不會根本就對我沒好感？萬一被拒絕了，一定很尷尬！萬一連朋友都做不成，實在太糟了！」於是你打了退堂鼓，決定觀察一陣子再說。

你的內心時常爲你創造一個遭透了的畫面，在那畫面中，有你所擔心害怕的所有情景。然而，**想像不代表真實，我們卻往往被自己想像中的內在畫面與自我對話給擊退了**。

被恐懼綁架的社會

這兩年的臺灣社會並不平靜，接連發生幾起隨機殺人事件。二〇一四年鄭捷在臺北捷運上揮刀造成四死二十二傷，震驚全臺，二〇一五年也接連有幾起隨機砍人事件，這類事情相繼發生，成了萬眾矚目的新聞焦點。

爲什麼萬眾矚目？因爲恐懼。我們深怕走在路上被莫名地捅了一刀，怎麼死的都不知道；我們擔心自己的親友、孩子，會不會成爲下一個無差別殺人事件的刀下亡魂。

生存，永遠是人類心理關注的第一個焦點。當生存受到威脅時，身體內建的神經機制便會啓動恐懼的情緒反應，提醒著我們危機當前，要做好準備。接踵而來的便是憤怒。憤怒帶給我們力量，讓我們在威脅來臨時，做好與入侵者一搏的準備。

不過，人的腦袋中一旦充斥著恐懼與憤怒，理性判斷與獨立思考的能力便會瞬間下降。**當人人都憤怒時，社群之中突然間有了一種「人神共憤」的普同感，**

這個社會頓時瀰漫著氣憤、仇恨的氛圍，更加速了人們集體弱智的現象。

因爲恐懼，爲了生存，於是人們企圖避免問題再度發生。因爲失去理智，便總想用最簡單快速的途徑，來解決複雜又困難的問題。

究竟該如何解決問題呢？對！殺了他、關死他！速審速決，大快人心。少了一個社會的毒瘤，彷彿就能讓人安心好一陣子，人們繼續回到工作崗位上，如常地生活。

我們要問，然後呢？

從來，重複發生的問題總有其錯綜複雜的成因，當然也有其脈絡可循。但是，**過度簡單的解決方法圖的只是心安、或者痛快，同時也忽略掉真正需要關注的關鍵議題**，例如，家庭功能、學校教育、貧富差距、文化價值、心理衛生、法律制度……等。

因爲這些最根本的問題，也是最重要的問題，就算關注了也不會有立即的效果。政治人物知道問題所在，但不會去碰，因爲沒有選票；當務之急是附和群眾的激情，煽動群眾內心的無名火，肯定可以得到最多的支持度。

新聞媒體更是社會上最大的恐懼製造機。唯恐天下不亂的傳媒，日以繼夜播放著赤裸裸又血腥的影像，佐以聳動的文字標題，再加上主播近乎失控尖聲播報，挑動著視聽者體內的每一個恐懼細胞。

一旦恐懼如滾燙的岩漿般從內在湧出，人們便會不斷關注恐懼的消息。於是，沒完沒了地掛在電視前、網路上，一再重複地看著新聞畫面，聽著驚恐的聲音。直到，替代性創傷產生了，心理創傷更加弱化了人理性判斷與獨立思考能力。

媒體就想把你給搞瘋！如此，你才會一直貼在電視前面。你深怕漏掉任何訊息，但再多的訊息，也只是換來更多不安與憤怒而已。媒體大亨算準了這點，大發收視財。

這是個被恐懼綁架的社會。任何事情只要挑起你恐懼的神經反應，你就能輕易被操弄。麥克．克萊頓所寫的小說《恐懼之邦》就揭示了這個道理。災難心理學的研究也在在揭露了，人們是如何被媒體報導暗示，而有了扭曲與毫無道理的想法。

然而，這些你所恐懼的事物，都並非真實會發生的，甚至發生的可能性微乎其微，大部分是你內在世界所想像出來的。大眾媒體與輿論只是強化、豐富了你內在的恐懼畫面，讓你堅信某些事情碰不得、要避免，要小心、別大意。

代代相傳的恐懼教育

照理說，我們處在一個史上最安全的年代，但恐懼仍在我們的血液中漫流，如影隨形，揮之不去，到底為什麼？

人類恐懼情緒的來源有兩個，一個是內建在基因中的身心反應模式，那是演化的結果，具有適應生存的功能；另一個則是學習而來，特別是**透過代代相傳的恐懼教育，一代又一代地複製恐懼思維，而且通常是想像中的、不真實的恐懼**。

心理學家已經證實，個體對某些事物的恐懼，可以經由刺激反應的連結學習而來（稱為古典制約學習）。而藉由長輩透過言語將帶有恐懼的經驗傳遞給下一代，更是讓孩子學習到恐懼的直接途徑。

我常見到，正在校園中求學的孩子，上了國中以後，大部分都會變成「避敗導向者」（相對於「求成導向者」）。在課業學習上，他們勤奮向學考個好成績，多半是爲了不要被父母師長責罵、不要輸給同學，或不要讓自己感到很丟臉。因爲害怕這些壞事會發生，於是不得不努力用功。

他們接受教育不是爲了充實知識技能，也不是想一探學問浩海的奧祕，而是要獲得好成績。因爲，我們的孩子從小被灌輸的正是這類以恐懼構築起來的信念：

「沒有好好用功就不會有好成績」「沒有好成績就不可以出去玩」「考差了會被老師責罵」「考不贏人家會被別人瞧不起」「小考就輸別人，大考還得了」「沒有好成績就上不了好的學校科系」「沒有進入好的大學科系，未來就不會有好成就，會過得很辛苦」……

是不是很熟悉？我們就是這樣被教導長大的。**這就是一種「恐懼教育」，試圖用會讓孩子感到害怕的教條規準，使孩子不得不去做（或不做）某事**。

從小到大，因爲在恐懼教育的洗腦下，孩子害怕失敗，於是不得不逐漸放棄那些本來很有興趣，但可能會招致人生失敗的事物。

曾幾何時，我們不再對世上萬事萬物感到好奇，我們忍痛割捨那些原來充滿熱情的嗜好，我們把注意力轉向如何獲得好成績。我們的視、聽、觸、味、嗅等身體感官所能體察的範圍變得越來越狹隘，注意力的焦點越來越單一；原來那顆熱情敞開的心，也不再躍動不已了。

那些兒時的熱情與理想，一旦失去了，似乎就再也找不回來了！

恐懼教育的後果，是內心深深的匱乏無力感

恐懼是一種有助於生存的情緒，它提醒我們在威脅當下逃離會讓我們喪命的來源。然而，**時時刻刻被恐懼所籠罩的心，卻讓我們永遠處於逃命與無助中，而不敢邁開步伐，冒險向前，於是我們總是錯失各種機會。**

所有的創傷記憶幾乎都與恐懼有關。

如果我們曾經在感情中受傷，我們會害怕展開下一段感情；如果我們曾經在公開場合（如演講）中出糗，之後抵死也不願意上臺；如果我們曾因爲表現太好而招致嫉妒排擠，我們會擔心自己太出風頭；如果我們曾經在某棵樹下被果子砸

中頭而住院，我們將不願意再回到同一棵樹下，甚至站在任何樹下都會害怕；如果我們曾經被師長大聲斥責而驚嚇到，我們也會害怕聽到大聲斥責的聲音。

成長過程中大大小小的創傷無所不在，恐懼也無所不在，這些所帶來的都是特定情境下的恐懼情緒。

恐懼教育帶來的後果，卻是一顆匱乏無力的內心，在面臨各式挑戰的情境中都會顯露出來。當內心匱乏無力時，自然認為自己就是個潛在的失敗者，於是所有投入的努力都是為了遮掩內心那個醜陋的形象。

於是，我們沒有自信、不敢冒險，只做自己感到有把握的事；我們過於在乎別人的眼光，討厭別人評價我們，但又不自主地拿自己與他人比較；我們常常羨慕別人，但又不敢跳出舒適圈嘗試改變，內心的聲音常是：「如果失敗了怎麼辦？」我們時常三心兩意、猶豫不決，總想找到一個不會後悔的選項，殊不知，後悔一直是人生的常態。

因為內心匱乏無力，為人父母後，我們把內心的不安全感投射到孩子身上，也用帶有恐懼的教條規矩教育著孩子，把孩子洗腦成只懂得害怕卻不懂得創新的動物。匱乏無力的心態代代相傳，永無止境。

困擾我們的不是恐懼本身，而是因應恐懼的方式

所有負面情緒都有正面價值，恐懼這種情緒正是要提醒我們，危機當前，該換個方式去因應危機；而恐懼情緒的身心反應也會帶給我們更多力量，去逃離或迎面對抗威脅。

許多人不明白恐懼背後的價值，只是一味地痛恨和討厭自己總是畏首畏尾、猶豫裹足，抱怨自己內心總是存在著巨大的不安惶恐；那麼，你便是在與恐懼對抗，因爲你討厭它，想排拒它。於是，你花費所有的精力在對抗恐懼這種不斷出現的情緒，你將耗盡身心能量，但恐懼仍在那裡；就算你精疲力竭了，也驅趕不走恐懼。

反之，如果我們可以正向地看待恐懼，並且願意在心裡給出一個空間，容許恐懼情緒存在，而非試圖去對抗或抑制它。於是，**在這個空間中，我們可以更清**

楚地看見恐懼的本質——究竟我們在害怕什麼？是真實的威脅，抑或只是想像中的危險？最壞的情形會是什麼？

當我們把對抗恐懼的力量拿回來，用在思索如何更有效地去面對與解決令我們感到恐懼的情境，此時，大腦重新開機，我們可以理性判斷與獨立思考，將有效地幫助我們突破困境，而我們也不會就此錯過許多機會。

提摩西．費理斯是著名暢銷書《一週工作四小時》的作者，他曾在TED的演講中提到，**克服恐懼的方式，就是去解構恐懼**。因爲「生活中最佳的成果往往被錯誤的觀念和未經證實的假設淹沒」。一旦我們深入去探究令我們裹足不前的事物或情境本身，會發現許多恐懼都來自於自己的想像；深入分析那些令我們害怕的任務，找出去面對與突破它們的規則，甚至去看到最壞的狀況，都有助於我們突破那些困住我們的恐懼情緒。

提摩西．費理斯的建議給我們的啓示就是：**嘗試去做就是了！你得先面對它，才有可能從中去學習；當你能掌握它時，你將感覺更有力量，於是你就會更加遊刃有餘。**

如此，恐懼反而成了我們成長與突破的動力，成了我們能嘗遍人生豐富體驗的基石。

愛的力量足以轉化恐懼

回到恐懼教育這個議題。恐懼教育的後遺症，不只出現在某些特定議題上，更在個人追尋人生成功快樂過程中的每一項挑戰，留下深深的匱乏無力感。

因此，該是適可而止的時候了！地球很可怕，但更多的恐懼是人們自己虛構出來的。人類許多行爲背後的動機，除了避免匱乏與威脅外，更多是爲了追求更高層次的意義或價值。

身爲父母師長的，當你希望影響孩子爲某事投入心思，請引導他去思考：「做這件事情的意義與價值是什麼？」而非一味叮囑他「不做的後果有多可怕」。

孩子對某件事情一旦充滿熱情，常能樂此不疲。即使與讀書成績毫不相關，只要不是傷天害理，請多鼓勵他、支持他。因爲，**熱情之所在，常是一個人的天**

賦之所在，當天賦可以得到充分發揮的機會，個人的內在自然會感到豐盛富裕。

人透過展現天賦來彰顯自己的價值、定義自己的身分、追尋自己活著的意義，這便是活出自己生命本然的樣子，那是自信與快樂的泉源，一個人一輩子最寶貴的資產。

更重要的，你得讓孩子充分感受到你對他的愛。這份愛是純粹而不帶任何條件的，並非出自於父母本身不安與恐懼的投射。**無條件地支持、肯定與讚賞孩子的行為，真心地信任孩子已具備因應人生困境、追求人生成功快樂所需的能耐。**

擁有來自生命中重要他人的愛的陪伴，將使我們在內心深處長出源源不絕的力量，支持自己去面對各種挑戰。

即使會恐懼，我們也不會被恐懼的情緒淹沒，能夠勇敢地繼續往前走。

簡快自助技巧 **傳遞愛的能量，在恐懼中前行**

有人說，眞正的勇敢並非不害怕，而是即使害怕，仍然迎向挑戰，繼續往前行。而那股讓人在恐懼中繼續前行的力量究竟從何而來？答案就是愛。

在「簡快身心積極療法」中，有許多借力的技巧（如「借歷代父母法」「灑金粉法」），透過想像生命中重要人物傳遞愛與能量，在自己的內心逐漸升起更多力量，足以面對挑戰。

以下介紹類似的作法，當我們面對一個令我們恐懼、猶豫的情境，難以跨越與突破時，可以進行以下的練習：

①在地上找出四個位置，分別代表：A原來的我、B完成任務時的我、C能支持我的人、D充滿智慧的長者（如下頁圖所示）。

②站在A位置，你正面臨一個令你害怕的任務。閉上眼睛，先進行一次身體掃描，找出身體或心裡面感到不舒服或卡住的位置。觀察一

下，這卡住的點看起來像是什麼？將雙手輕輕放在卡住的點的身體部位上。在心裡頭對著這卡住的點說出你對他的理解與感謝，感謝他一直以來對自己的保護與提醒。

③走到B位置，面向A位置。B位置代表的是完成任務的自己，是充滿信心與希望的。請想像自己情緒良好、充滿能量最佳狀態時，並對著原來的自己散播出愛的能量。想像愛的能量從胸前發射出去，透過有顏色的光波傳遞到對方身上。

④回到A的位置，接收從B位置的自己傳來的能量，感受這股愛的能量在身體中流動。

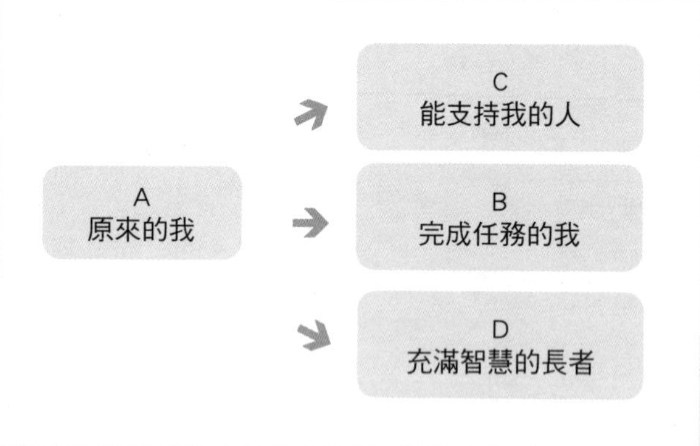

⑤走到C位置，面對A位置。此處站著一個與自己非常要好，能給予自己支持與鼓勵的人，想像自己就是他，並對著A位置中原來的自己散播愛的能量，同時說出給自己的關懷與鼓勵。回到A位置接收從C位置而來的滿滿能量與祝福，感受這股能量在身體中流動。

⑥走到D位置，面對A位置。此處站著一個自己崇敬，且充滿智慧的長者，想像自己就是他，並對著A位置中原來的自己散播愛的能量，同時說出給自己的關懷與鼓勵。回到A位置接收從C位置而來的滿滿能量與祝福，感受這股能量在身體中流動。

⑦反覆①～⑥的步驟三到五次，體驗的速度一次比一次快。

愛是滋養我們成長與茁壯的養分，若我們的內心匱乏無力，面對生命挑戰常會退縮畏懼，顯示在成長的過程中，源自父母的愛是缺乏的。

而現在的我們已經長大了，我們擁有更多能力，可以憑自己的力量，為自己找到更多愛的滋養。藉此將恐懼轉化成力量，即使仍會害怕，也願意大步往前走。

第七章
深刻自我同理，
停止一再重複的反擊模式

談憤怒——

「砰！」教室裡發出巨響，全班同學同時抬頭看向同一方向。

「俊宏，你這什麼意思？你踢那一下是在跟我抗議嗎？」王老師臉色鐵青，狠狠地瞪著俊宏。就在剛才，俊宏走回座位的途中，用腳「不算小力」地踢了一下教室裡的櫃子。

這天剛好是段考後發考卷的日子，高二的俊宏從英文老師兼導師的手中接下慘不忍睹的英文考卷，心情沮喪到極點，又被老師念了幾句。走回座位的途中，腦中迴繞著老師剛剛有點尖酸諷刺的話語，一時管不住自己的腳。

「沒有呀！」俊宏回頭面對王老師，低著頭，小聲地說。

「你這是什麼態度？不過是說你兩句，就發脾氣。考差了不反省，還動手動腳的，這是學生應有的態度嗎？」

「老師，我……我不是故意的……」

「做錯事還不承認，是吧！我看你分明是衝著我來的，你看我不順眼很久了吧！」王老師越說越氣，漲紅了臉，全身發抖。

「你說話呀！我正問你話呢！抬頭看我呀！」王老師的聲調越來越高，班上則是一片靜默。

俊宏怎麼敢說話？他想解釋，卻逐漸感覺到從腹部升起一把無名火。俊宏生怕一開口，會出現更難收拾的場面，只能低著頭站在原地動也不動，緊握著拳頭，努力克制住自己的情緒。

「我今天就記你一支大過，看你能怎樣！」說完，王老師走出教室，這堂課不上了。

一個禮拜後，王老師接到俊宏父親的來電。

「王老師，不好意思。我收到學校的記過通知單，俊宏被您記了一支大過，犯過事由是『污辱師長，毫無悔意，態度惡劣』。冒昧請教一下，到底發生了什麼事？」

「你是替你家公子來興師問罪的吧？這年頭，老師真的很沒地位，對學生罵也罵不得，記過也不行，還要被家長質問……」

「我不是這個意思，我只是看這個大過有點嚴重，想了解一下狀況而已。」俊宏向父親坦承踢了教室的櫃子，是自己一時衝動做錯了，但不是針對導師，而是因爲考差了感到懊惱。

「別說得那麼好聽，你們如果看我這個導師不順眼，可以向學校反應換掉我呀！」

第二天，王老師向校長提出辭導師的申請。任憑班上同學送花、寫卡片，輪番向老師賠罪，好話說盡，王老師就是鐵了心不幹導師了。

兩個孩子的戰爭——未充分發展成熟的情緒反應模式

這是校園中時常上演的師生衝突橋段，看似發生在一個大人與一個青少年之間，實際上，是兩個孩子的戰爭。

當我們的大腦被憤怒綁架時，我們的心智便可能退化到青少年，甚至兒童階段。

憤怒是相當原始的情緒，由古老大腦中的杏仁核掌管，當個體面臨外界的威脅、攻擊或傷害時，杏仁核便活化而警鈴大作，此時全身進入反擊的預備狀態，而負責理性思考的前額葉皮質會暫時減緩運作。

人類大腦發育的順序與動物大腦演化的進程相當類似，職司理性思維（邏輯、分析、推理、運算、判斷、決策）的大腦部位，主要是前額葉皮質，是最晚發育完成的，約到成年早期才算成熟。而前額葉皮質具有調節情緒的功能，通常能抑制情緒所引發的衝動行爲，取而代之的是經理性思考後所獲得的問題解決途徑。

常見青少年多半衝動莽撞，做出可笑、具傷害性或高危險的行為，同儕之間戲稱為「腦殘」，不是沒有道理，這是因為前額葉皮質的發育尚未成熟。由憤怒情緒而來的衝動行爲通常是直接反擊，這裡暫時稱爲「憤怒—攻擊」反應模式。

我們很容易被激怒而產生攻擊性的反應，例如謾罵、羞辱、報復對方，甚至直接動粗。故事中的王老師，將俊宏踢櫃子的行爲，解讀爲對自己的不敬，感受到身爲教師的尊嚴受損，盛怒之下使他聽不進俊宏的任何解釋，只想著如何做能讓對方付出代價，她的大腦被憤怒情緒劫持了！

我們常見許多老師在課堂上情緒失控、勃然大怒，對著學生咆哮；在過去可以體罰的年代，甚至失控動手痛毆學生。對許多學生來講，都是驚恐又難忘的回憶，甚至造成不少孩子內心的創傷。

「憤怒—攻擊」這一系列的情緒行爲反應模式，是內建在個體基因中的原始本能。但人類因爲演化出前額葉皮質，有了理性決策的能力，在行爲反應上有了更多選擇。在憤怒到攻擊之間，多了一道理性判斷程序的介入，而能用其他更有效的方式，取代原始的攻擊反應。

因此，若一個成人一被激怒，便隨之做出具傷害性的反擊動作，不論是言詞上或肢體上的，那麼，這個人的情緒發展是尚未成熟的。每當憤怒情緒襲來，心智便退化爲像個孩子。

你戴著什麼眼鏡看事情——情緒的真正導火線

然而，明明就是一個踢櫃子的動作，如何啓動王老師大腦中掌管憤怒情緒的杏仁核，並引發一連串的反擊回應？

一般而言，引起憤怒情緒的原因很多，包括生存受到威脅、尊嚴遭受踐踏、不受到重視、自己關心的人事物與價值觀被冒犯、被迫改變意識型態、生命安全受到危害、遭受重大的背叛、受到剝削與壓迫……等，甚至看到社會上的不公不義，都會令人感到憤怒。

如果，換個人面對相同情境，會不會有所不同呢？在這個師生衝突的情境中，站在講臺上的不同老師也許會有不同的解讀。

「這孩子可能是考差了，用踢櫃子來宣洩情緒，應該不是針對我。」或者「這孩子走路也太不小心了，走著走著竟然踢到櫃子，大概是考差了，魂不守舍吧！」

換句話說，真正引發情緒的，不是情境本身，而是個人對情境的觀點，也就是內在的信念/價值觀。就像是戴上不同的眼鏡看世界，帶著墨鏡看出去的世界是昏暗的，帶著度數不足的近視眼鏡看出去的世界是模糊的。

我們也可以將信念/價值觀視為內建在大腦裡的地圖，我們就是依據這些內建的地圖走這條人生路。沒有兩個人的地圖是一樣的，因此每個人待人接物、應

對進退的模式也都不同。

橫看成嶺側成峰，遠近高低都不同。信念/價值觀提供我們思考事情的框架、做爲行事的準則，以及判斷是非對錯的依據，卻也容易局限我們行爲反應的多元性，使我們無法更加靈活彈性，甚至成了我們情緒失控的「地雷」。

例如，你的內心有著「人與人之間就要互利互惠、公平相待」的信念，如果你對別人很好，但別人卻沒有相對應地回報你，你便會感到生氣。你認爲自己是熱臉貼冷屁股，很可悲，而對方則很不上道，利用了你的好心；而事實上，你會如此生氣，只是這種互動模式違反了你的信念罷了。

許多老師的內心裡都有著「身爲教師應該受到學生絕對尊重」的信念，因此會將注意的焦點放在學生的言行舉止是否符合尊師重道上，於是，便很容易把孩子某些中性的言行，解讀成對自己的冒犯或恭維；而當受到孩子合理或不合理的挑戰時，也難以自我反省，看見自己需要調整的地方。

當你毫無彈性地死守著一項信念不放時，你同時也看不到這世界其他美麗的風景！

不只老師有這樣的盲點，家長也是。當孩子的態度不佳，家長立刻感到身爲父母的尊嚴被冒犯，在盛怒之下常口出惡言，用侮辱、貶抑的話語喝斥孩子。一不小心，就在孩子的內心裡留下創傷；同時，家長仍然沒能去覺察孩子態度不佳背後的需求是什麼。更糟的是，孩子還學到了父母這套「憤怒—攻擊」模式：若有人冒犯我，我就用暴力威嚇的手段回應他。

火柴與汽油桶——順我者昌、逆我者亡

如果大家還有印象，十幾年前曾有一部走紅全臺的本土劇《臺灣霹靂火》（二〇〇二年六月～二〇〇三年七月），共播出二八五集。每天晚間新聞結束後，全家便擠到電視前面，關心劇情的進展。

劇中的反派角色劉文聰，時常撂下狠話，手段殘暴，正是「憤怒—攻擊」情緒行爲模式的經典展現。他留下的臺詞一度成爲臺灣的流行語之一。

「我若是不爽，我就想要報仇！」

「我若是不爽，我會送你一桶汽油、一枝番仔火（臺語「火柴」）！」

一個人爲什麼「不爽」就要對他人展開報復？

因爲，他的內心對人總是充滿敵意，認爲人們虧欠自己，無法信任任何人。在他們大腦裡內建的地圖顯示，這個世界是不安全的，唯有用極端的手段回應他人，才能夠保護自己，或者獲得自己想要的。

順我者昌，逆我者亡，這世界不是你死就是我活。他們不認爲有所謂雙贏的存在，不是井水不犯河水，就是要你付出代價。

很多時候，我們也有類似的衝動。

多想帶著火柴和汽油桶衝到主管的辦公室，讓他知道我不是你的奴才，我也是有尊嚴的。同時，拜我們大腦的理智中樞運作良好所賜，大多時候只是在腦中想想，並不會眞的去做；我們會尋求更好的解決與因應之道。這是我們與劉文聰不同的地方。

在「談恐懼」的那一章中，我們曾提到過去兩年接連發生在臺灣的幾起「無差別殺人事件」。凶手選擇殘暴地在公共空間裡攻擊那些素昧平生的民眾，手段凶殘，刀刀致命。這類事件，過去在日本或歐美也時有所聞。行凶的甚至只是相當年輕的大學生或中學生而已。

我們要細究，這些孩子究竟怎麼了？大多時候，他們的成長背景是這樣的：出生在一個單親、功能不彰或經濟弱勢的家庭中；從小曾遭受虐待、疏忽管教，或者目睹家暴，在驚恐中成長。求學過程中，也許不夠聰明、沒有自信、表現不佳、頻頻出糗，成了同學奚落的對象，甚至屢遭霸凌，就算轉換到不同的學習環境也擺脫不了悲慘的處境。畢業後求職不順遂，少有人願意伸出援手，大多是冷漠以對。

他們活在一個不安全的世界中，不被支持、不被理解、缺乏溫暖，他們逐漸退出、切斷各種人際關係，與世隔絕。他們從小受到欺凌卻總是敢怒不敢言，憤怒情緒在體內累積、滋長、蔓延。他們開始以充滿敵意的眼光看待這個世界，他們認爲是這個社會對不起他們。他們隱忍著內心的痛苦，密謀著有一天要讓世人付出代價，顯示自己仍然是有力量的。直到某件事情成了壓垮駱駝的最後一根稻草，扣下了「憤怒—攻擊」模式的扳機，悲劇於是發生……

當社會大眾對著電視機憤怒地控訴凶手的殘暴時，正是人類集體弱智發生的時候。人們往往忽略了更重要的事情——

我們的家庭、學校與社會究竟發生了什麼事，使這些人對世人充滿敵意？我們是如何創造出一個自私、冷漠又不公不義的環境，讓身處社會各個陰暗角落的邊緣人物得不到溫暖、支持與該有的尊嚴？

這些手段殘暴的凶嫌，事實上是被社會遺棄與漠視的一群受害者。

在他們的信念/價值觀裡，有著「我是無能的」「世界上所有的人都對不起我」「世界是危險、恐怖的」「沒有人會願意理解我的處境」等根深柢固的想法。他們照著腦中內建的地圖而行，通常會選擇切斷與世界的連結，有的人選擇走上絕路，結束生命；有的人則向外攻擊，報復後再自我了斷。

那些一再重複的「憤怒—攻擊」自動化模式

大多數人是幸運的，並非從小到大每分每秒都在創傷中成長。我們有足夠的安全空間讓大腦逐漸發展成熟，於是，我們有辦法用更為彈性的方式去因應引發我們憤怒的情境。

儘管有時候我們也會難以信任他人，對世界感到失望，對某些人充滿敵意，但並非無時無刻不處在那樣的狀態下。很多時候，我們可以覺知到我們有溫暖的家人支持著、朋友同事是友善的、社會提供我們許多成長的機會與權利，我們是幸福而有能力的。

我們需要注意的，是「憤怒—攻擊」的情緒行為模式常在某些特定的情境中出現，或許是面對某些對象、某類事件、某種場合或某些時刻……等。

許多年輕孩子對於父母說的話（不論是勸告或關心）特別容易感到莫名惱怒，總是回以不悅的口氣與臉色；事後感到內疚不已，但又難以自我控制。

在夫妻關係中，有些先生總是受不了太太多念個兩句、多管個幾件事，有時候明明只是善意的提醒，也會情緒爆炸。突然間的盛怒劫持了大腦，便對另一半口出惡言、甚至拳打腳踢，一犯再犯，停不下來。曾有家暴的加害人告訴我：「我也知道這樣不對，但不知道為什麼，就是容易生氣，控制不住自己！」家庭暴力會一再發生，就是這麼來的。

有的人只要一坐上駕駛座，便顯得脾氣暴躁，舉凡塞車、被超車、前方車輛龜速行駛、轉彎不打方向燈……等，都可以咒罵個一陣子。嚴重時甚至大按喇叭，或者乾脆下車理論，難免衍生一些事端，同車的人也跟著心情不佳。

前面提到的師生衝突事件，有的師長或擁有權力的上位者，特別在意自己不可撼動的絕對權威，容易因爲學生或下屬缺乏禮貌，或提出疑義與挑戰，而大發雷霆，接著是咆哮怒吼，以彰顯自己神聖不可侵犯的力量。

有的人特別無法接受他人對自己在工作表現上的批評或建議，就算這些意見再中肯，用再委婉的語氣說出來都不行。這樣的人時常一意孤行，聽不進別人的建言，同事視他爲刺蝟，善意的提醒都會換來臭臉相待。

這些在特定情境中一再出現的「憤怒—攻擊」情緒行為反應模式，往往困擾著我們的生活，而這些特定狀況通常與成長過程中的創傷有關。在創傷發生時，我們的身體總是會切換到應急狀態中，此時，幫助我們理性思維的前額葉皮質運作會弱化，我們處理問題的選項減少了，只剩下幾個原始與本能性的反應來因應創傷情境，而反擊便是其中一種。

事後，我們會從創傷中學習並獲得結論，形成一套信念／價值觀來合理化或解釋創傷當下的行為反應。當下一次與原始創傷類似的情境出現時，這套信念／價值觀便會快速跳出來主導我們的行為反應，一連串的「憤怒—攻擊」反應模式便在瞬間反覆發生。

生氣不好嗎？如何趕走我的壞脾氣？

常生氣的人，我們會說他情緒化，顯然我們的社會不太允許人們生氣。然而，**重點不是不能生氣，而是如何生氣，用什麼方式表達生氣，也就是面對憤怒情緒時的因應方式**。

我們一再提到，所有的負面情緒都有正面價值，不是帶給我們更多力量，就為我們指引一個新的方向。**憤怒這種原始的情緒，正是讓我們面對他人的威脅、冒犯與傷害時，內在能產生一股強大的力量去抵禦、反擊或獲取我們想要的，包**

括物質或精神上的一切。

所以，憤怒是非常有力量的一股情緒，對我們有保護的作用。我們首先要認識到這一點，**憤怒的存在是有意義與價值的，我們不需要消除憤怒，而是找到有效的方式去因應憤怒情緒，以改寫「憤怒—攻擊」這個自動化的原始反應模式**。

有人說，在生氣或憤怒的當下，要能夠轉念，轉念可以幫助我們不生氣。但是，許多人只是轉移注意、轉移焦點，暫時忘記自己正在生氣；或者，為自己找到一個不生氣的理由，但是與自己既有的信念／價值觀相互牴觸。於是，負面情緒雖然在當下暫時減弱或消失，卻被積壓住，日後便加倍程度地用各種方式表現出來。

轉念是換一個框架或觀點來看待問題，有效的轉念涉及到的是信念／價值觀的鬆動、改變與重新建構。

例如，那個盛怒當下的王老師，可以轉個念告訴自己：「生氣容易變老，別跟學生一般見識！」也可以告訴自己：「身為老師的價值在於幫助學生成長，而不是非得高高在上地受到學生敬重。」

哪一個轉念比較有效？哪一個比較可以幫助王老師在下一次遇到相同情境時，降低「憤怒—攻擊」模式的發生機會？應該是後者，因爲後者更接近一個人信念／價值觀的核心。

然而，在學習改變自己的信念／價值觀之前，我們首先要允許憤怒情緒的存在與流動。

也就是，給出一個空間，容許憤怒情緒發生，看它如何升起，如何退去，如何停滯，如何轉移。此時，**我們要做的，就只是覺察；靜靜地觀察憤怒發生在身體上的哪一個部位**。你會發現，胸口堵堵的、腹部悶悶的、或者喉嚨卡卡的，也或許是背脊發涼、頭皮發麻、皮膚出汗，任何身體的感覺，都是憤怒這份情緒表現的形式。

用同理心表達憤怒，為情緒找出口

接著，對著自己身體上憤怒所在的位置，用溫柔穩定的口吻說道：

謝謝你。我知道我正在生氣，我知道我感到憤怒。

謝謝你用這種方式讓我知道我的感覺。

當你能夠看到它，並且用語言描述出來，負面情緒往往消解了大半。

這其實就是同理心的運作，適用於所有令我們感到不舒服的情緒感受。

同理心是相當有力量的一種助人技巧，可以幫助他人調節情緒。同理心是在充分理解對方的處境之下，將對方的情緒感受表達出來讓對方知道。當別人能夠感同身受地把我們當下的情緒給說出來，我們會有一種被理解、被陪伴的感覺，內心頓時會舒坦許多。

同理心運用在自己身上，便是將自己的情緒狀態用語言說出來讓自己知道。前提是，我們必須深刻地理解自己的處境，感受到自己的內心狀態。因此，我們總是需要給情緒一個存在空間，如此我們才能靜下來觀察情緒的流動，深刻地理解自己目前怎麼了。

此時我們除了在陪伴自己之外，也爲從憤怒到攻擊之間的過程，拉出了一段空檔，插入了思考如何解決問題的空間。

因此，**重要的不是能不能生氣，而是如何因應與表達你的生氣**。

對於時常因小事就大動肝火的人，你可以在覺察到自己就要發怒的同時，離開情境。找個安靜的地方，做幾個深呼吸後，靜下來感受此刻身體的感覺，陪著你的生氣或憤怒，同時告訴自己：「我知道我正在生氣。」

若一時不能離開情境，你可以立刻轉過身，閉上眼睛，在心裡默數一到十，接著掃描並感受自己的身體，找出憤怒或生氣的部位，告訴自己：「我知道我正在生氣。」光是這幾個簡單的步驟，你會覺得情緒穩定許多，同時能提供你一個理智運作的空間，找出安全有效的方式來回應困境。

當你能在每一次憤怒來襲時做到上述簡單的步驟，你將能逐漸瓦解「憤怒—攻擊」的原始反應模式，帶著覺知，有意識地知道自己正處在憤怒中，同時亦能拓展自己解決問題的策略。

簡快自助技巧　三位人稱法

人活在世上，總要面對許多困境，尤其是人際關係中的挑戰。我們時常在與人互動時有不愉快的經驗，也許是被對方的言語重傷，也許是沒有受到尊重，或一再被侵犯界限，這都會令我們感到憤怒、生氣，迴避與對方再度共事，甚至懷著恨意，等待有一天要「復仇」去。

在「簡快身心積極療法」中，有個「三位人稱法」，針對某個不愉快或令人感到生氣的人際關係情境進行探索，藉著從不同的觀點與角度，重新理解當下的自己，幫助我們在面對該情境時能回歸平靜甚至更有力量。步驟如下：

①找一個令你感到憤怒或不滿意的人際互動事件做為探索的素材。

②在面前的地上找到三個位置，分別代表第一、第二與第三人稱的角度。待會兒將分別進入這三種人稱的位置，順序為：第一人稱↓第三人稱↓第二人稱↓第三人稱↓第一人稱。

③進入第一人稱的位置，以第一人稱的觀點與角度，重新經歷該事件，彷彿該事件就在當下重演，看到你所看到的畫面，聽到你的所聽到的聲音，特別留意你的身體感覺與情緒感受。待充分體驗後，退出該位置，深呼吸並動一動身體。

④進入第三人稱的位置，以第三人稱（事件中的旁觀者）的觀點與角度，重新經歷該事件。待充分體驗後，退出該位置，深呼吸並動一動身體。

⑤進入第二人稱的位置，以第二人稱（事件中的對方）的觀點與角度，重新經歷該事件。待充分體驗後，退出該位置，深呼吸並動一動身體。

⑥帶著第二與第三人稱的探索經驗，再次進入第一人稱的位置，重新經歷該事件，探索自己的內在有何轉變。

透過不同位置的體驗，我們能以較爲宏觀甚至抽離的角度，去看到事件發生的全貌，也往往能對整件事情有了新的洞見，而非總是局限在由自己的觀點所看出去的世界中。

當你的視野被拓展時，原有的框架便被打破了，內在的信念／價值觀也隨之鬆動調整，情緒當然也跟著改變囉！

第八章
停機公告，
此人進廠維修中！

談憂鬱——

你是否曾在某些時候感到莫名地疲倦，無精打采且提不起勁，只想窩在房裡，足不出戶、懶得開口，既不想做任何事情，更不想與人打交道？

你是否曾有過某個時期，就是感到悶悶不樂，心情沉重、沮喪、難過，好像有塊大石頭抵在胸前；你難以微笑、思緒渾沌、動作遲緩、莫名流淚，怎麼樣就是快樂不起來？

你是否曾經歷過某些時刻，覺得自己毫無價值，認爲自己是個糟糕透頂的人，不值得被重視、被肯定、被喜愛，有一種「我在這世界上可有可無，少了我也不會怎樣」的感覺？

大部分的人都曾在人生中的某些階段，或生活中的某些時刻，經歷到上述的行爲、感受與想法，這便是憂鬱情緒出來主導我們身心狀態的時候。

輕微的憂鬱情緒，可能發生在一天之中的某個片刻。惱人一點，會維持個幾天，再長一點也許幾個禮拜；可能來得莫名其妙，也可能伴隨在某些重大事件之後出現。

而嚴重且反覆出現的憂鬱狀態，包括一系列的情感、行為、思考與身體症狀，在經過專科醫師的臨床診斷後，可能會被判定為精神醫學上的憂鬱症。憂鬱症已知與體內神經傳導物質的失調有相當密切的關連，生理成因占了極大多數。

一般人未必會罹患憂鬱症，但是憂鬱情緒卻常在生活中出現，本章要探討的便是憂鬱這種生活中常見的情緒狀態。

心情故障了，究竟還要持續多久？

曾在一次演講中遇到一位學員，在上完我的課之後，持續與我保持聯絡。她與我分享了自失戀之後幾個月內的生活。

她是一個研究生，曾利用暑假到英國遊學，認識了一名身材高大、眼神迷人的英國男子，兩人很快地陷入愛河。戀情剛要起步，正是愛到濃烈時，女孩得返國了。

兩人透過網路及越洋電話，維繫了幾個月的感情。遠距離戀愛確實難熬，但女孩相信眞愛能克服一切，正在積極打工存錢，準備寒假再飛一趟英國會情郎。

沒想到，有一天接到對方發來的一封電子郵件，裡頭簡短地寫著：

「我們曾彼此深愛對方，但這樣的戀情難以持續，該是分手的時候，祝福我倆都能得到幸福與自由。」

從那天起，女孩過著行屍走肉般的生活。食不下嚥，睡不著覺，終日以淚洗面，每天木然地看著這世界運作，似乎與自己毫無關連。她每天苦思對方提出分手的可能原因，想到累了也想不通，第二天又再重想一次；同樣的畫面與思緒在腦海裡繞呀繞，就是毫無頭緒。

雖然盡可能維持正常作息，但自己清楚得很，除了難過，她感受不到任何情緒。到最後，連難過是什麼，都無法體會了。

她慢慢能接受愛情逝去的事實，也明白自己可能需要經歷一段痛徹心扉的失戀陣痛期，然而，令她最感到恐懼的事，就是不知道這種低落到谷底的情緒狀態，還要持續多久？

她就是無法讓自己感覺好一點，形容自己：「我的心情故障了！」

每一次試圖重新振作起來，就被強烈襲來的低落情緒給擊退。她試著做些事情轉移注意力，但就是提不起勁。好幾次晚上不著覺，在深夜裡獨自到公園去跑步，希望跑累了可以大睡一場。

朋友看不下去，要求她去接受心理諮商，她也認眞地去上些自我成長的課程。她最想問的是：「這段憂鬱的低潮，什麼時候才會結束？」

潛藏在憂鬱情緒背後的挫敗性自我對話

許多陷入憂鬱情緒一段時間的人，都有著相同的疑惑——**「什麼時候才能找回正常的自己？」**憂鬱已是一種相當無力的狀態了，漫無止境的憂鬱則讓人感到更加無力。

於是，無力加上無力，憂鬱累加憂鬱，一切都失控了。

以探究與處理認知思考爲核心的心理療法，如認知療法或理性情緒行爲療法等主張，潛藏在憂鬱情緒背後的，是一系列失功能的思考模式，或不合理的思考內容。

有些取向著重在處理案主失功能的思考模式，如過度類化、災難化、極端化（二分法）……等，關注案主如何看待、推論、歸因與詮釋發生在自己周遭的事情。有些則是著重在案主思考的內容，也就是信念/價值觀上面。

因此，我們常會試圖安慰那些處於憂鬱中的人，要他們想開一點，看向陽光，也就是正面思考。的確，在一次又一次思考轉換的練習下，人是有可能逐漸擺脫憂鬱情緒的。

情緒困擾者的內心裡，通常存在著某些或特定的局限性信念。**信念是人對自己、對他人或對這個世界如何運作的一種執著，常是支持我們做出生活決定與採取行動的基礎。然而，某些信念過度偏執、缺乏彈性，成了我們追求人生成功快樂的絆腳石時，便屬於局限性信念。**

負面思考與憂鬱情緒常是難兄難弟。陷入憂鬱狀態中的人，面對生活任務常冒出三種深刻的感覺，包括無助、無望與無價值。伴隨這三種負面感受的是三種自我挫敗的局限性信念：

①**我沒有能力……**：這是對自己有著極低度的自我評價，認爲自己從事某事、克服某項困難或者達成某個目標的能力不足，或者完全沒有能力。特別是在與他人相較之下，相信自己的能力始終不如別人。

②**我沒有可能……**：這是對自己在完成某項任務上的表現，或達成某個目標上的可能性，有著明顯不合理的低度預期，或者相信好運絕對不可能降臨在自己身上，而認爲未來一片黯淡，毫無希望可言。

③**我沒有資格……**：由於某些創傷導致人們認爲，自己若獲得成功快樂或良好表現會帶來難以承受的苦果，於是傾向於相信自己「不配」或「不値得」擁有理想的生活；同時認爲自己在這個世界上是不夠重要、可有可無、可以被忽略的。

這些自我挫敗的內在自我對話，使得我們認爲自己就是個「魯蛇」，怎麼努力都沒有用，注定只能是個失敗者的料，對自己有著極度負面的自我認同。

可以想見，當我們的腦中充斥著這些既頑固又揮之不去的局限性信念時，內在是極度缺乏力量的。

於是，對大部分處於憂鬱情緒的人來說，深深的無力感令他們的腦袋運作遲滯，負面思考是如此自動化又充滿強迫性，此時要拿出更大的力量，刻意用正面思考取代負面想法，談何容易。通常只會令他們感到更氣餒、更想放棄，同時更加相信自己不可能會好起來了。

這就是為什麼，試圖安慰那些處於極度傷心難過中的人盡量往好處想，是沒有用的；這反而讓當事人感受到不被理解，因為，這麼做無疑是否定了他們此時此刻的真實感受。

或許，陷入憂鬱情緒中的人最固執的想法就是：「我必須讓自己好起來，不能繼續憂鬱下去。」也就是不允許自己持續性的情緒低落、欲振乏力。而當自己怎麼樣都無法做到使自己透過正向思考重獲活力，便再度驗證自己「沒有能力」「沒有可能」或「沒有資格」的內在信念。

不斷力圖振作，又一再陷入憂鬱

小雨是個社會新鮮人，在大學畢業後，剛找到第一份工作。每天早上起床便是痛苦的開始，總是勉強地把自己從被窩裡挖起來，再帶著疲倦、無力與低落的情緒到公司。

剛開始上班的前兩個月，情況尚好，每天多半能精神奕奕地投入工作。接著，請假次數逐漸頻繁。原因無他，就是感到心情沮喪，不想出門；或者爬不起來，索性待在家裡。

事實上，小雨這樣的狀況從國中就開始了。

國二下學期，在大陸經商的父親向家人坦承外遇，母親因此罹患嚴重的憂鬱症。身爲獨生女的小雨，本來乖巧、懂事、用功，後來開始蹺課、晚歸，結交了一些校外混幫派的人士；每天晚上由不同的男生騎機車接送出門，在外過夜已是家常便飯。

鬼混的日子持續了半年，升國三的暑假，小雨決定回歸正常生活，主動與過去那群壞朋友斷絕連繫。開學後，小雨回到學校，正準備將落後的課業追趕上來，卻逐漸感到悶悶不樂，無精打采。

「每天早上，我媽總要花費一番功夫才能將我從床上押到車子裡，送我上學去。若我實在起不來，也只能請假，我時常中午才進班上課。一個禮拜到學校的時間只有兩、三個半天，同學都快忘了我的存在了。」

當時的小雨不僅嚴重缺課，更從人群中退縮，獨來獨往。

「我媽說，我從一個活潑愛笑的人，變得表情木然、平板。真的，我的確感覺不到什麼情緒，特別是幾乎忘記什麼是快樂了。」

升上高中，小雨告訴母親，自己會認真向學，重新開始。

正常上學的日子維持不到半學期，小雨便撐不下去了，最後只好休學。一年後，重考進入高職，剛開始的第一個學期狀況還算穩定，接著又時常請假，或者中午才有辦法到校，相同的狀況再度發生。

「我媽鐵了心，看我狀況再不好，也堅持不讓我休學。她說，念不完高職就算了，我得爲自己的人生負責。」

就這樣，小雨在出席率極低的狀況下，勉強拿到了高職的畢業證書，上了大學。

同樣地，剛進大學的小雨也想重新開始，怎知，大學卻只是國、高中生活的翻版。少了母親在身邊督促，小雨的出席狀況更糟，在學校，仍然是班上的游離分子、邊緣人物。

花了六年的時間，小雨總算湊足了大學的畢業學分，離開校園，進入社會。

「回想過去這幾年，我好像個行屍走肉。我知道自己不能一直這樣下去，但每次想振作，卻維持不久就又被打回原形。」

在師長眼中，小雨是個消極、逃避、不願意爲自己人生負責的人。但很少人能理解，在小雨內心裡，其實很討厭這樣的自己，好幾次想重新站起來，以爲自己準備好了，不久又跌落谷底深淵。

每一次的失敗，都讓小雨越來越相信自己不可能脫離這種欲振乏力的憂鬱狀態，龐大的無力感讓小雨更難站起來了。

真正的接受，是不帶對抗地允許它發生

小雨是我好幾年前任教的一個學生，當時，我對她的狀況頭痛得很。前一陣子，小雨回學校找我，告訴我畢業後這幾年的生活。

和高中一樣，小雨的表情仍然顯得漠然，少了年輕人的一份光采與元氣，平淡的語調讓人感覺不到任何生氣。

我知道，國中時父親外遇導致家庭破裂，是讓小雨陷入情緒風暴的導火線。然而，過去每一次與小雨談到這件事，她總是輕描淡寫地帶過，一再強調自己並不在乎父母之間的關係究竟如何。

孩子對父母的感情危機是不可能毫無感覺的，小雨只是不想去經歷、不想去體會，於是表現出毫不在乎的態度。然而，小雨不知道的是，在經歷父親外遇後，發生在自己身上的種種情緒與行爲問題，都是具有功能的。

國二時的蹺家、逃學、脫序與叛逆，是這孩子**試圖讓父母關注的焦點從婚姻破裂的壓力轉移到自己身上，以維持家庭功能正常的假象**。眼看父母的關係已無

法挽回，母親也爲此陷入精神疾病的困境中，這孩子透過模仿或承接母親的身心症狀，在潛意識裡試圖減輕母親的痛苦。

另一方面，小雨內心裡對失去母親有著高度的焦慮，但又無法替代父親的角色，只好有意無意地讓自己陷入情緒困擾中，無法到學校去，以在家照顧傷心欲絕的母親。這是孩子與母親之間「共病」的一種典型關係形式。

在家庭系統中，這是孩子對母親的愛與忠誠，卻是透過無效的方式進行著。

我讓小雨理解這一點，同時運用了些處理與父母關係的技巧，引導小雨將自己身上過度承擔的責任與壓力，在心理上歸還給父母，並重新體會來自父母雙親的愛與能量——這份愛與能量，不會因爲父母失和而有所減損。

當天，小雨大哭了一場，長久以來對父母積壓的情緒一次宣洩出來。

然而，小雨始終維持的「憂鬱—振作—挫敗—憂鬱」的循環模式，仍存在她的身上。「我該怎麼幫助自己擺脫憂鬱？」小雨邊擦拭眼淚邊問。

「妳得先接受自己目前的狀態。」我回答。

「都這麼久了，我早就習慣了。」

「如果眞的習慣，妳也不會感到痛苦了；妳只是無能爲力，無奈地在憂鬱風暴中載浮載沉，這不是眞的接受。」我停頓了一下，繼續說：「眞正的接受，是不帶對抗地允許它發生。」

這孩子低頭咀嚼我話中的意涵。

別猛催油門，內心世界需要進廠維修

憂鬱時，不僅心情低落，同時活力不足，對任何事都提不起勁，此時，人們正處於一種極低度的能量狀態。事實上，這是人體的自我保護機制，給我們機會讓內心的傷痛自我修復。

情緒是一種訊號，向我們傳達出身心此刻的狀態，告訴我們現在自己需要的是什麼。通常，不是帶給我們更多力量，就是爲我們指引一個新的方向。

而憂鬱這種低度能量狀態，便是要我們靜下來、慢下來、停下來，因此有機會好好地端詳自己的身體，審視自己的內心，看見從小到大發生在自己身上的創

傷，以及日積月累的情緒毒素。

當我們憂鬱時，最需要的就是讓疲倦的身心好好休息，藉以沉澱並自我修復，養足了力量，就能再出發。

然而，許多處於憂鬱狀態中的人，沒有發現自己目前最不需要的就是繼續耗費能量，急於脫離這種極度低迷不振的狀態。他們難以忍受自己的無力，同時又無法讓自己從谷底爬出來，對憂鬱的束手無策更加深了內心的無力感。

是的，**我們不但沒有讓自己獲得充分的靜養，反而消耗更多力氣在對抗這份不舒服的感覺，我們的身體當然只能讓我們繼續處在低度的能量狀態中。**

就像油料耗盡或者引擎嚴重受損的車子，猛催油門，只會讓車子加速罷工。最好的作法，便是帶它進廠維修去吧！而人們的內心世界，也是需要維修的，需要有個機會好好地被清理、整頓與修復。

憂鬱時，與其對抗它，急於擺脫它，不如全然地接受它。真正的接受，不是習慣、不是麻木；而是允許這份情緒的存在，與這份情緒同在。

就旁觀者一樣，看見心情的起伏，覺知感受的消長，以及腦海思緒的來去。

因爲允許它發生，不試圖對抗它、改變它，便能夠在深切感受到這份情緒的同時，也能抽離出來與它保持一定距離，足以看見全貌。

當我們將原本用來對抗與擺脫憂鬱情緒的力量拿回來，用在自我靜養與自我修復上，便能從這個過程中慢慢地長出力量，一點一滴地，更多活力跑了出來。就像初春的樹枝上發了新芽，象徵生命的生生不息。

曾有個好友因爲遭逢情傷而陷入憂鬱之中，她向一位前輩請益：

「我一直以爲我很堅強，可是我卻爲感情的事情垮掉了，我的生活一團糟！我怎麼會這樣子，眞的好痛苦。」

前輩沒說什麼，只是回應她：「是呀！遇到了，有什麼辦法？只能這樣了！」好友告訴我，她因爲前輩的這句話而感到解脫。

當時眞正令她感到痛苦的，不是憂鬱情緒本身，而是那個怎麼樣都振作不起來的自我形象。於是她知道，**自己原來可以不夠堅強，可以情緒低落，可以一片混亂**。

聽懂憂鬱傳達的訊息，在靜養中萌生力量

憂鬱情緒總是令人感到痛苦，大部分的人便把憂鬱當作敵人去對抗。然而，情緒從來不是問題，它只是一種訊息，告訴我們生活裡出現了一些狀況，需要我們面對與處理。

有問題的往往是我們因應情緒的方式。當我們急於擺脫憂鬱狀態，我們就越感覺到精疲力竭。我們沒有聽懂憂鬱情緒傳達給我們的，是此刻的我們需要好好休息，在休息中自我修復，慢慢獲得力量。

當我們不再逃避或對抗憂鬱，而能給出一個空間，允許它發生，我們便能與自己的身體、情感與思緒有更多與更緊密的連結，而真正成為自己的主人。

當我們逐漸拿回主導人生的力量時，我們便可以開始爲自己做點不同的事情了。包括試著走出去，做點積極有益的活動，如旅行、創作、運動……等；或者，嘗試在想法上做點轉變，也就是練習用正向積極的觀點重新看待自己，取代自我挫敗的信念。

同時，我們也知道，**在勇敢嘗試的同時，我們允許自己隨時可以退回低度能量狀態中，充飽了電再出發**。

當處於憂鬱狀態，若你不先接受它，允許它發生，讓內心世界自我修復，以讓內心的力量慢慢長出來，嘗試任何的努力或者正向思考，常是徒勞無功的。

如果，你真的非得做點什麼的話，就試著做這兩件事吧！**第一，保持正常作息；第二，出門運動並曬太陽去**。除此之外，就是好好地與你的憂鬱情緒共處，直到力量逐漸萌生。

簡快自助技巧 防彈衣法

在憂鬱狀態中，人時常是內心脆弱、缺乏安全感的，自我價值感不足，而對外界的批評敏感。此時，可以使用「簡快身心積極療法」中的「防彈衣法」技巧，幫助自己暫時處在一個安全、穩定且不會受到外界傷害的狀態中。操作步驟如下：

①找個安靜且不受打擾的空間，舒適地坐下來。閉上眼睛後，做幾個綿長的深呼吸。

②想像眼前有一間閃閃發亮的玻璃屋，是用世界上最好的防彈玻璃打造而成。玻璃色澤可能是黃色、灰色、墨綠色，或者其他各種顏色。

③想像自己慢慢走進防彈玻璃屋，環顧這間屋子的四周。接著，想像自己把門關上。在關上門的一瞬間，外界的任何聲音都聽不到了。

④想像在你的手上，有個神奇的遙控器，你找到了一個按鈕並按下去，防彈玻璃屋開始逐漸縮小，慢慢地縮小到包覆著你的全身，最後成了一件穿在你身上的防彈衣，就像在你的身體外面附著了一層保護膜，無論你到哪裡去，都能穿著它，並且得到最好的保護。

⑤想像自己正穿著這件防彈衣走到街上，你可以看到自己身上有著方才防彈玻璃屋上玻璃的顏色。你看到有幾個孩子在路邊玩耍，互相丟著小石子，突然間有幾顆小石子飛向你，你只聽到「咚、咚、咚」的聲音，卻一點也不感到疼痛。

⑥你繼續走在街上，遇到一對情侶在吵架，彼此用著不堪入耳的話語對罵。突然間，他們發現你正在看著他們，便轉向你大聲怒罵。神奇的是，這些話語雖然對著你而來，你只聽到「咚、咚、咚」的聲音，就像剛才的小石子般，都一一彈開了。

⑦慢慢睜開眼睛，想像這件防彈衣就在你身上，時時刻刻保護著你。你知道你可以信任這件防彈衣，穿著它時，你會有十足的安全感。

第九章
重整逝去的關係，學會真正的道別

談失落——

「那天，我們才說好要一起參加補習考公職，隔天卻見到一具冰冷的遺體！」說話的她今年大四，三個月前，同住三年的大學好友，在騎機車去打工的路上，被闖紅燈的砂石車衝撞，傷重不治。

她聽聞噩耗趕到醫院，好友已離開人世。這事情來得太突然，令她悲痛萬分，傷心欲絕。

那是她最好的朋友，情同姊妹的閨蜜。好友離去了，她頓時不知道該如何生活，成天魂不守舍。甚至，她也難以與交往一年多的男友繼續維持感情，主動提出分手了。

兩個月後的某一天，她一個人騎著機車從臺北南下，到臺灣各地去找四散各地的高中同學。每到一處，就向在那兒念書的姊妹們訴說這段悲痛回憶。

「我們是如此要好，默契十足，我想，這世界上再也找不到另一個如此了解我的人了。」她對著高中同學訴說著。

「那天早上，要是我能跟她多說個幾句話，多拖延個幾分鐘，或許悲劇就不會發生了。」她自責自己沒能做些什麼扭轉命運。

「我們每天一起去上課、吃飯、散步，到圖書館搶位子念書，跟她相處是如此自在。我們比親姊妹的感情還好，比閨蜜還像閨蜜。這幾年來都是她陪著我，怎麼突然間，就剩我一個人了？」

高中同學安慰她，要她堅強振作。她只是搖搖頭：

「有時候，我覺得她彷彿還活在我身邊，早上等著我一同出門去上課，下課也等著我一起去吃晚餐。不過，她已經離開，留下我一個人了……」

講完了，哭夠了，再出發到下一站。

這是她的療傷之旅，希望藉著一個人的旅行，習慣孤獨的生活；也盼望騎車時迎面吹來的風，能帶走那悲痛的情緒與回憶。

高中同學勸她別再流浪，就快畢業了，回去好好過生活，她說：

「我們約好了要一起完成夢想，現在剩我一個人，不知道未來還可以怎麼走，一切都變了調！」

最後，她回到臺北的學校，回歸正常生活。不過，在畢業前，她總是獨來獨往，下課就匆匆離去，不參加同學的聚會，連畢業前的謝師宴也沒出席。她不認為自己還能交到什麼值得信任的朋友，也堅信沒有人能取代好友的位置……

她的內心充滿著不安全感，她不信任的不是任何人，而是生命的無常。

聽完了她的故事，我知道這是一段失落的過程。

失落來自於關係的斷裂

失落，是在失去我們原本擁有與重視的人事物時，伴隨出現的一連串情緒感受。**重點不是我們失去的對象本身，而是，失去了一段令我們在意的關係，不論是與人的關係、與事情的關係，或者與物品的關係**。

我們與世界上的任何人、事、物，一旦有了關係連結存在，他們對我們而言就具有特殊意義。因為意義特殊，在某種程度上滿足了我們的各種需求，在失去這段關係連結時，心裡某處彷彿被掏空了一塊，失落感油然而生。

甚至是抽象的夢想、期待或目標，只要與我們有著關係連結，一旦落空、破滅或喪失，心中也會有著難以承受的失落感。

特別是，**這段關係對我們的意義越大，關係存在的時間越久，連結越緊密，失落的程度越強**。

最大的失落常發生在人際關係的斷裂，例如親人過世。失去至親，被公認為最難以承受的失落痛苦。一般人要花費許多時間才能走出失落的陰霾，更有人用一輩子在處理與親人分離的悲痛，尤其是非預期性的失落事件，這種經由喪親所經歷到的強烈痛苦情緒，稱爲悲傷。

作家黃春明的兒子黃國峻也是一位作家，在三十歲的時候自殺身亡。黃春明寫下了一篇短文〈國峻不回來吃飯〉，道盡爲人父母承受子女過世時內心的悲痛。文中提到：

「我到今天才知道，媽媽生下來就是爲你燒飯的，現在你不回來吃飯，媽媽什麼事都沒了，媽媽什麼事都不想做，連吃飯也不想。」

這一段讀來格外令人心酸。

傳統上，母親與孩子的連結深厚，自我價值感建立在爲子女的付出上，當孩子離開人世，日復一日的事情頓失了意義，生活亂了分寸。飯是爲孩子燒，如今孩子沒了，燒飯有何意義？

文末提到：「我們知道你不回來吃飯；就沒有等你，也故意不談你，可是你的位子永遠在那裡。」

著實寫出了喪親者的心理矛盾歷程。既知道孩子不在人世，但又難以在心裡承認或接受這個事實，只好不去談論，不去說破，留一個位子給他，創造一個親人仍與我們生活在一起的假象——沒有離去，只是不回來吃飯而已。

你怎麼因應生命中的失落？

通常，從親人死亡的失落中復原，需要經歷一段哀悼的過程，這是自然且必須的，目的是在幫助我們調適失落，從失落的谷底逐漸回復平衡。

在這段歷程中，喪親者有困難的功課需要學習。悲傷治療專家沃登提到哀悼歷程中當事人的四個重要任務：

①接受失落的事實；

②經驗悲傷的痛苦；

③重新適應一個逝者不存在的環境；

④將心力重新投注在新的關係上。

每一項任務都需要時間，對當事人而言絕非輕而易舉之事。悲傷輔導與治療，就是在陪伴及引導喪親者，去面對並完成哀悼過程中的這些任務。

如果這段回復平衡的過程未能充分經歷，或者卡在某些任務中未能達成，就如同因失落所受的傷口沒有完全癒合，隱隱作痛中，常會對我們未來面對其他關係時的態度與關係連結的品質，產生負面的影響。

因為失落的情緒實在難熬，我們常逃避不去體驗這段情緒，也害怕這種感覺再度出現，極力想讓失落感消失，以覺得好一點。

情緒是個體在各種情境中自然呈現的狀態，對我們的生存適應有著重要的功能。有問題的常常不是情緒本身，而是我們因應情緒的方式。**無效或失功能的因應模式常常局限了我們的生活，或者把我們帶進更多麻煩與痛苦中。**

特別是在關係斷裂的失落中，我們常用兩種無效的方式因應失落情緒。**一種是逃避或拒絕與其他對象發展新的關係連結，以避免再次受到分離失落之苦；另一種則是無法停止地向外找尋暫時性的情感替代對象，來填補內心的空缺。**

同樣是遭逢失戀，有的人會在心裡對自己立下誓言：「愛情很危險，我再也不談戀愛了！」他們不是不需要愛情，而是害怕愛情失落後所受的傷。

另一些人則可能立刻展開另一段戀情。他們認爲，治療失戀之苦的最好途徑，就是馬上談另一場戀愛。他們也許不是眞的想要這份戀情，戀愛的對象也非最理想的，而是這麼做可以立即填補情感中空虛的部分。

這兩種都不是面對情感失落時健康有益的因應方式。前者是「一朝被蛇咬，十年怕草繩」的因噎廢食心態；後者則像是透過注射嗎啡，暫時減緩心裡的苦。

父母永遠生不回一個逝去的孩子

在失落事件中，白髮人送黑髮人最令人心酸，喪失子女的痛大過於一切！若孩子剛出生或年幼時便因故離開人世，有些父母會想著再懷孕把那個逝去的孩子給生回來。

周大觀是國內有名的生命小鬥士，在與病魔對抗的過程中，以無畏與勇敢的態度面對癌症病痛，將樂觀的心境化為文字，寫下許多激勵人心的詩篇，鼓舞人們愛惜生命。可惜仍然不敵病魔，短暫的生命在十歲時便畫下句點。

去年，周大觀的弟弟周天觀上了新聞，他參與學運走到街頭，同時怒吼表示，過去十七年，自己是個沒名字的人，活在哥哥周大觀的陰影下，他說：「現在，我要奪回自己的身分。」

看到這則新聞，許多人為正值十七歲的周天觀感到心疼。原來，他是父母在喪子悲痛下生來做為哥哥的替代身分；他無法做自己，只是父母用來撫慰內心傷痕的止痛劑。

許多父母在喪失年幼子女後，常想透過再懷孕生產的方式，將逝去的孩子生回來。成功生子後，便堅信新的生命是已故孩子重新投胎來到父母身邊的。

然而，每一個孩子都是獨立的個體，生下來自有其獨特的人格、氣質、天賦與發展方向，無法代替或被等同於任何人。

一個生下來便被隱約期待做爲已故手足替代身分的孩子，會在身分認同的發展上出現問題：「究竟我是誰？我到底是哥哥還是弟弟？或者我什麼都不是？」面對生活挑戰常感到資格感不足而綁手綁腳，難以盡情施展，內心總是匱乏無力，因爲他活的不是自己的人生。

把新的生命當作已故生命來養育，父母的教養方式往往是扭曲的。因爲害怕再度失去孩子，會把過世孩子那個脆弱的形象投射在新的生命身上，於是過於小心保護，或者不當地傳遞矛盾的訊息，對新生命的發展並非好事。

父母沒有處理好自己的悲痛，期盼透過新生命的誕生來補償內心失落的一塊，無意間投射了不屬於孩子該承擔的責任與期待在新生命身上，卻阻礙了新生命成

為真正的自己。

此外，從系統動力的觀點來看，新生命被視爲手足的替代身分，可能造成家族系統中手足序位的混亂，家庭成員沒有在自己該有的序位中做自己，勢必在家庭中出現危機。

可以想見，周天觀的怒吼反動絕非偶然。十七歲的他正值追尋「自我認同」的時期，他得爲自己找到一個能夠眞正定義自己這個獨立個體的身分。

這便是一些喪子的父母未能意識到的：自己其實一直處在喪子的失落裡，卡在某個哀悼的環節中未能完成任務。於是，該療傷的其實是父母，如此新生命才能眞正長成自己的樣貌，而非成爲承接系統中悲慘命運包袱的人。

內心裡那份待填補的空缺

另一個不亞與喪親之痛的失落，便是失戀。

愛情的逝去是令人心碎的。一段戀情後的分手，一段婚姻後的離異，不論主動或被動提出的人，在摻雜著憤怒、疑惑與無助的情緒中，也少不了強烈的失落感。

在愛情中的失落，失去的常常不只是一個對象或一段關係，同時也失去了自己的內在價值。

我們會突然不知道自己是誰，找不到自我的定位，對自己感到既陌生又疏離。

我們會認為自己不再是獨特的、重要的，自我價值因而崩解。

我們可能感到羞愧或毫無尊嚴，因為自己是被拋下的，或者無力挽回這段關係。我們會責怪自己的愚笨、識人不明，失去對自己下判斷的信心；同時也會怨天尤人，不再信任這個世界有公平正義可言。

最後，我們失去了原有的生活模式，原本建立起的生活目標與生命意義不復存在。

幾年前，曾有個朋友，與交往四年多的男友分手了。她到處找人陪著她，不論男生女生，只要交情不差，可以找得到人的，都被她找去輪流陪在她身邊。

我也曾被她找去，她在電話中懇求我：「你可以出來陪我一個下午嗎？我無法忍受只有一個人，有人在身邊，我會感到安心點。」於是我到 K 書中心陪著她念書，直到晚上，交班給另一位朋友。

她在找尋的，是一種替代性的關係，以填補內心空缺的一塊。替代性的關係，幫助她走過因爲親密關係斷裂而變了調的生活，讓她漸漸習慣沒有男友的時光，同時慢慢療癒自己；於是，可以重新展開新的生活。

其實，種種失落或悲傷反應，都顯示著我們渴望與失落的對象重新連結。就像年幼的孩童離開父母身邊時，會恐懼、會慌亂、會難過、會哭泣，一心期待的就是重回父母的安全懷抱。

沒能來得及說再見

所有負面情緒都有正面價值，失落情緒的正面價值是在提醒我們珍惜身邊的人、事、物。由於下一秒你不知道會失去什麼，你唯一可以做的，就是珍惜現在所擁有的，特別是那些重要的與有意義的人際連結。

曾有人說，離開校園畢業後，老同學要聚首只能在特別的場合；年輕時是在婚禮上，年老時則是在喪禮上了。

珍惜還能見得到的時光，若想起某個好久不見的朋友，就起身撥個電話去約他見面吧！別再用忙碌當藉口，別再用「以後機會多的是」來拖延，人活著時把握相處的時光，別等到喪禮時才去見最後一面。

因爲，在失落事件中，人們最大的遺憾，常是來不及與死者說再見。

曾有個孩子向我提到，祖母病危時，醫院打了好幾通電話到家裡通知家屬，他父親因爲長期失意，總是醉醺醺，竟然沒帶著孩子趕到醫院見祖母最後一面。

這孩子自責地說：「我當時應該自己搭計程車到醫院的。」

「隔天，當我爸帶我去醫院時，阿嬤已經離開人世了，被白布覆蓋著。我當場放聲痛哭，我沒來得及和阿嬤說再見。」

在這孩子的記憶中，自己最受祖母疼愛，過年總會收到祖母的大紅包。孩子立志未來有經濟能力時，一定要包個大紅包回頭孝敬祖母。

只是，這個心願不但沒達成，還沒能見上祖母最後一面，對祖母說上最後一句話。

沒能好好說再見，常是關係失落中最令人遺憾的事情，也常是人無法走出失落幽谷的原因之一。

一場車禍、一次天災，一件意外，剎那間帶走了我們的親人；在這些非預期性的死亡事件中，常常沒有人來得及與死者說再見，往往留下了遺憾。

感情中的失落也是一樣，關係的結束或斷裂，常常發生在爭執、衝突或僵局中，更常見的是一方走得不明不白，也常沒能有機會彼此好好說再見。

沒能說再見，意味著這段關係尚有未完結之處。那些與死者或無緣的戀人之間未解的疑惑與誤會，未能表達的抱歉與感謝，隨著他們的離去，一一成了遺憾，與失落感相伴，埋藏在我們內心深處。

於是，這段關係無法在我們心底眞正地結束，這個人也無法眞正地從我們的生活中離去。失落的過程還沒有走完，隱隱地影響著我們的未來。於是，我們常常無法重啓新的生活，迎接新的關係，而依然活在失落的囚牢中。

其實，這裡的說再見，不只是道別，而是**好好整理你與對方的各種愛恨糾結，**

是一種對對方的重新理解，也是一種和解的過程。

傳統民間習俗中的喪禮，其實是很有意思的。還記得電影《父後七日》中，女主角與哥哥、表弟三人在父親的靈堂前，邊守靈邊追憶父親生前的往事，說到父親去醫院洗腎時與小護士間的風流韻事，三個人都笑了出來。

這是一種對死者的「重新理解」。

在喪禮中，等待出殯前，每日繁瑣的儀式間，親人聚會的言談中，提起死者的過往，重新體會與逝者之間的情感連結，那過程總是難過中帶有欣慰，淚水中穿插有笑容。這是一段提供喪親者重新整理與逝者之間關係的機會，也在這個過程中，我們能與逝者真正好好地說再見，同時，我們也在逐漸適應逝者已不在身邊的生活。

重新整理曾經擁有的關係

關係失落時，原來存在我們生活中的一部分，活生生地從我們的世界裡消逝無蹤了。突然間，我們發現自己並不完整，我們討厭這種失衡的感覺，我們極力想找回那完整的自己。

面對失落事件隨之而來的失落感，我們首先需要做的，就是覺察與體驗這份情緒，理解失落乃人生常態，允許失落感受的存在。

反覆出現的失落感，正提醒著我們，在我們的生活中，真正重要的是什麼；也讓我們知道，那些令我們感到失落的對象，是對我們深具意義的。

同時，當我們願意把失落的感覺放在心中，便讓我們有機會時時懷念那個已經從我們的生活中離開的人，並提醒我們：有個人曾經對我們是如此特別，在我們的生活中占有如此重要的地位。於是，**我們可以在內心裡表達對他的感激，同時，在心裡面保有他曾給予我們的愛與支持，帶著這份力量，更勇敢地走接下來的人生路**。

因為我們允許自己失落，於是我們可以在失落中，透過各種方式，在內心裡重新整理與失落對象的關係。

也許是透過一一審視失落對象遺留的物品、信件，重新回憶與失落對象之間相處的光景，或者尋找失落對象生前世界中的蛛絲馬跡。用不同的角度，看見失落對象不曾被看見的面貌，重新理解失落對象所思所想、所作所爲，以及自己與失落對象之間的互動關係。或許，我們會在這段曾經擁有的關係中找到新的意義。

這往往需要花費一些時間。而在這過程中，我們會不捨、難過、後悔、自責、遺憾、憤怒、寂寞、孤獨，**我們會有各種情緒，那麼，就允許自己出現這些情緒吧！允許自己可以脆弱、可以哭泣、可以流淚。在一次又一次的思念與梳理中，釋放內心的情感壓力，同時也放下與失落對象之間的關係糾葛。**

網頁的重新整理只需要一個按鍵，但關係中的重新整理卻耗時費神，尤其是失落對象已不在自己身邊了，「重新整理」這項工程，往往只能在自己的腦海中進行。有些答案我們可能永遠得不到了，有些疑惑我們可能永遠解不了了，有些話語我們可能永遠無法表達了。

然而，重新整理仍然是必要的。當我們能整理好自己與失落對象之間的關係，並在心裡對這段關係賦予新的意義時，我們才能眞正說再見，這才是眞正的道別。

我們也要記得，面對重大的失落事件，即使過了很久以後，失落情緒還是可能再度出現。也許在某個時間點，你會突然想起某人，然後抱頭痛哭；也許在某個地方，你會忽然感到既熟悉又陌生，內心空洞的感覺再度襲來；也許看到某些景物，你會觸景傷情。

這些情緒的反覆再現，是再正常不過了，一旦來了，就允許它存在吧！我們只要知道，那是在提醒我們曾經有著一段令我們在意的關係即可。

就像，在電影《父後七日》的尾聲，女主角在機場裡內心的那一段獨白：

是的，我經常忘記。於是，它又經常不知不覺的變得很重。重到父後的某月某日，我坐在香港飛往東京的班機上，看著空服員，推著免稅菸酒走過，下意識提醒自己，回到臺灣，入境前，記得給你買一條黃長壽。這個半秒鐘的念頭，讓我足足哭了一個半小時，直到繫緊安全帶的燈亮起，直到機長室的廣播聲響起，傳出的聲音彷彿是你。你說，請收拾好您的情緒，我們即將降落。

簡快自助技巧　價值拋棄法

往往透過失落的經驗，我們才知道什麼是值得珍惜的。於是我們要懂得把握眼前已經擁有的一切。

失落的經驗讓我們知道自己重視的是什麼，什麼對我們而言是最重要的。因爲經驗到失落，於是我們可以爲人生中的各種元素做排序，分辨生活中各項任務的輕重緩急、先後順序，而把時間花在那些最值得我們珍惜的人、事、物上面。

在每天的生活中，我們忙碌地追求許多事物。不斷努力的背後，我們可曾思考，什麼對我而言是最重要的？什麼是支持著我不斷前進的動力來源？當魚與熊掌不可兼得時，我是否願意爲了這份重要的事物而犧牲其他的？

這些問題的背後在探詢的，就是我們處世的核心價值。

核心價值是最能滿足個人需求的事物，它們通常十分抽象，像是健康、財富、穩定的生活模式、刺激與變動經驗、成就感、內心平靜、正義、自由、掌控、人際歸屬、親密關係、知識追尋、被重視、被需要、被看見……等。

我們可以透過類似體驗失落的「價值拋棄法」，試著釐清自己重視的價值觀，步驟如下：

①選定一件想要探索的主題，通常是你想要去嘗試，但卻在實行過程中感到迷惘的打算，例如：出國留學、移民、外派遠地、接受某項工作、升遷、進入婚姻、購買某項昂貴物品……等。

②詢問自己四個問題：

做這件事情時，我最重視的是什麼？

做這件事情時，對我的意義是什麼？

做這件事情時，為我帶來的好處是什麼？

做這件事情時，對我而言的重要性是什麼？

③每一個問題的答案都不止一個，把它們分別寫下來，剔除重複的，把剩下來的分別寫在不同的紙卡上面。

④將紙卡並排在桌上，面對這些你所重視的事物，很快地掃描過一次，

然後憑感覺挑出其中最不重要的一張，將它蓋住。接著再從剩下來的紙卡中，挑出其中最不重要的一張，將它蓋住。

⑤選卡片的過程務必依循內在感覺。你可以看著某一項價值，在心中默想：「如果我無法擁有這份價值時，我心裡的感覺是什麼？」這便是在體驗失落的過程，失落的感覺越強烈，往往是我們越重視的。

⑥如此不斷重複這個動作，直到留下最後一張卡片，便是我們的核心價值，而我們也可以為其他我們也重視的議題，做出價值排序。

核心價值可能會隨著時間或情境不同而變動，上述的技巧，可以每隔一段時間做一次，也許會有不同的發現與收穫。

第十章
何妨再次為自己種下新的希望種子

談自卑——

小時候，我愛撒嬌，總喜歡窩在母親懷裡，聽著母親輕聲哼唱。母親經常唱起一首兒歌：

美麗的～美麗的～天空裡，
出來了～光亮的～小星星，
好像是～我媽媽～慈愛的眼睛，
媽媽的眼睛～我最喜愛，
常常希望我做個好小孩，
媽媽的眼睛我最喜愛。

我望著母親清澈剔透的眼睛，安心地享受著母親帶給我滿滿的愛。這首兒歌有個美麗的名字，叫做〈媽媽的眼睛〉。

還記得，這首歌是在描述一隻大象寶寶被人類從野外抓到動物園裡，被迫與大象媽媽分離。每當夜晚來臨，星星出來時，孤獨又害怕的大象寶寶便仰望星空，想念著媽媽的眼睛。這首歌道盡了親子之間綿密深厚的情感。

據說，眼睛是最能表情達意的器官之一，各種情緒都能透過眼神流露出來，其中也包括了愛。而孩子是仰望著父母的眼睛長大的，透過父母的眼睛，感受到自己被愛與被保護著，也體會到自己的價值與重要性。

事實上，當我們長大後，仍始終在心中仰望著父母的眼睛，透過這種方式，與父母之間保持情感連結。在與他人互動時，則會從對方的眼睛中，找尋著父母那熟悉的眼神。

我的努力還不夠，卻不知道還要努力些什麼？

曾遇過一個大學快畢業的孩子，跟我聊起自己現階段的生活。他是個相當上進的學生，在各方面都有傑出的表現，而且多方嘗試各種領域，探索未知的自己，相當難得。畢業前，內心莫名慌亂，更是加緊腳步，把握時間，設法為自己的就業做最好的準備。

「怎麼辦？我就是覺得心裡好慌，完全失去了方向。」他似乎遇到了生涯抉擇上的困境。

「你在各方面表現都很傑出，比起你的同學，應該會有很好的發展才對，這點你自己是很清楚的。」我試圖鼓勵他，讓他看到自己的優勢。

「是這樣沒錯！可是，我就是覺得自己還有哪裡不足，就是覺得自己的努力不夠。不過，我卻不知道我還要努力什麼。我像無頭蒼蠅般忙呀忙、拚呀拚，就是停不下來，卻不知道要往哪裡去？」

「不管往哪個領域發展，我總覺得自己還沒準備好，比不過別人！」這孩子補充道：「即使實際上我的表現都比同學們好……」

我思索著他的話，感受著他的焦慮不安。似乎，在他內心深處，有著「我不如別人」的信念，於是每當面對新的挑戰時，內心便缺乏力量，沒信心能夠與其他競爭者並駕齊驅，甚至，一開始就把他人視爲假想敵，心中有深深的自卑感。

「有時候，我常覺得很自卑，就是有種不如人的感覺。每回參加研討會，一進會場便感到矮別人一截，身旁的人們都相當厲害的樣子。」

在許多場合裡，他總想像著其他人比自己還行。他不敢與人攀談，深怕被人發現自己其實很普通，他不敢舉手發表意見，擔心別人看穿他的觀點貧乏。就這樣，錯失了許多機會，即使他在自己的專業領域上用盡了全力，且表現不俗。

先打支「我不是很行」的預防針

自卑，是來自於認知到自己「比不過別人」時所出現的情緒狀態，不論是能力、地位、身分、職業、出身、財富、教育程度、生活型態……等各方面。

抱持自卑感的人，特別敏感於自己與他人相比之下的結果，也特別容易拿自己的表現與別人相比較，同時專注在不如他人之處。

然而，重點不是比較的輸贏結果，而是他們本身就有著內在力量不足以及自

我價值低落的感覺。

當我們的心中根深柢固地相信自己並非是個有價值的人，有著「我不如人」的局限性信念時，就會不斷為自己創造各種煩惱，同時也阻礙了自己去把握各種挑戰與突破自我的機會。

於是，每當在與人互動，或者面對具有挑戰性的情境中時，常先自貶身價，認為自己鐵定輸人一截，因此綁手綁腳，拒絕嘗試挑戰，不敢放手一搏；而當結果不如預期時，一方面回頭證實了自己確實不如人的信念，同時也為自己的失敗找了一個合理的臺階下。

你是否總是在還沒嘗試前，就先向身邊的人聲明自己的能力不足？就算別人怎麼誇獎你、讚美你，你仍然堅持自己會做得不好？

例如，朋友們相約到ＫＴＶ唱歌，還沒開唱前，你便說自己的歌聲不好、五音不全；大夥兒組團出國自助旅行，還沒啓程，你就不斷向同行夥伴強調自己的外語能力差，請大家多照顧；有人找你組隊一同參加運動比賽，還沒上場，你便向隊友一再強調自己的實力糟透了。

彷彿，你深怕全天下的人都不知道你眞的很弱。

這些打預防針的行爲，爲的就是萬一眞的做得不好，你有個臺階可下，內心不會如此受傷。

只有父母說足夠了，才會真的感覺到足夠

回到這位大學生身上。話鋒一轉，我問他：「你的父母呢？他們有什麼建議？期待你畢業後做些什麼？」

「他們一向很開放，對我很尊重，從小就不干涉我做任何決定。」難得有如此開明的父母，不加諸任何自己的期待在孩子身上。照理說，在這樣成長背景下長大的孩子，會特別知道自己想要的是什麼。怎麼會……？

「完全沒對你有任何期待嗎？」我追問。「沒有，他們非常尊重我！」他說得非常堅定，這反而激起了我好奇心。我繼續探問：

「那麼，從小到大，有什麼時候，你曾經被父母肯定或讚美過？」這孩子想

了片刻，搖搖頭：「好像沒有耶！」我更納悶了。

「你再想想，從小到大，你是否曾經做過什麼事，有了什麼好的表現，令父母爲你感到開心、驕傲？」這孩子再度搖搖頭。沒有？眞的都沒有過嗎？我露出難以置信的表情。

「老師，我不騙你，眞的沒有，至少我想不起來。」他的語調平版，但神情有點落寞。

「告訴我，你曾經在你父母的眼睛裡，看到過他們對你感到滿意的眼神嗎？」我看著他說。他低下頭，輕聲告訴我：「沒有。」同時，兩行淚水流了下來。

我明白了。這個樣樣優秀的孩子，永無止境地追求各項表現都傑出，卻始終不知道自己要往哪裡去，始終感到自己內在的力量不足，與別人相比有著「我不如人」的念頭，內心是充滿自卑的。

於是，他停不下腳步，因爲不知道要努力到什麼樣的程度才足夠；他的內心始終慌亂，因爲他一直在尋找父母眼裡那一絲絲對他肯定的訊息。

這孩子的父母看似尊重與開放，事實上卻是用一種相當疏離的方式與孩子交流情感。孩子在很小的時候就獲得了獨立自主的空間得以自由揮灑，但始終不知道怎麼做、做什麼，才能得到父母的讚賞與肯定。

即使人人都說他好，但他內心裡總覺得自己不夠好。**因為只有父母說他好，才是真的好；唯有父母說足夠了，才會真的感到足夠**。所以，他用盡全力，始終想表現給別人看，想從別人的眼睛裡獲得肯定的眼神。**卻沒有任何人，可以代替那給予他生命的父母的那雙眼睛**。

終其一生，我們都在尋求父母認同的眼神

是的，**我們終其一生，都在尋求父母認同的眼神**。**若缺乏這樣的經驗，便會用盡各種方式，在任何遇到的人的眼中尋求認同**。事實上，我們都在尋找父母的眼睛，尤其是眼眸中流露出的愛。

從小看到父母的眼神是睥睨、不滿與失望的，長大後便會在其他的人際關係中，總是發現對方的眼神也是帶有輕視和瞧不起自己的訊息。於是，便會想方設

法地討好對方，期待看到對方眼裡有著對自己感到滿意的眼神；或者顯現自己的強勢，好讓對方的眼睛流露出畏懼，以提昇自己的地位與價值。

從小看到父母的眼神是讚賞、肯定與充滿期待的，長大後便會有著一份自信與從容，能夠自我肯定、自我負責，自然也會從他人眼中看見滿意、尊敬與重視的眼神。於是，我們能活出眞正的自己，不用委曲求全地討好別人，也不用戴著虛假面具打腫臉充胖子。

其實上述這些父母或早期照顧者所帶給我們的影響，正是在「身分認同」的層面發生作用，同時也與一個人後續展現出自卑或自信的人生態度息息相關。

允許你擁有某種資格的權杖——身分認同

你是誰？你會如何定義自己？你會如何扮演你的角色？你會如何發揮你的角色功能？這些問題牽涉到的是個人的「身分認同」。

我們通常透過一些有形且具體的身分來界定自己，如親屬關係、職業、種族、國籍、地域、宗教、語言或學歷……等。

當然，還有透過較爲抽象的身分認同，如：成功者、弱勢者、上流人士、專家學者、善心人士、英雄、知識分子、時尚教主……等來定義自己。這些來自社會建構，偏屬於精神層面的身分認同，往往更能貼近自己。

身分認同的威力無窮，當你帶著某種身分認同生活時，你的觀點、思考方式、邏輯、偏好與價值觀，全依附在那特定的身分認同上；生活中的所思所想、所做所為，便受到那身分認同的影響。

美國人權律師布萊恩．史蒂芬森曾提到，自己活到了五十幾歲，滴酒未沾。這幾乎是不可能的事情，來自於外婆的影響。

外婆在他小的時候，曾將他拉到一旁，正經又故作神祕地告訴他：

「我一直都在注意你，你很特別。我覺得你可以做得到任何你想做的事情。」

這一幕讓布萊恩永遠忘不了。外婆要布萊恩答應她三件事：「第一、永遠愛你的母親；第二、永遠做正確的事情；第三、永遠不喝酒。」布萊恩一一答應外婆的要求。

布萊恩說，這就是身分認同的魔力。

外婆讓他知道自己是個「很特別，可以做到任何想做的事情」的人，所以，他當然也做得到他答應外婆的三件事情。而未來，他也的確成了特別的人物，成就了特別的志業，致力於爲社會正義而奮鬥。

有了某個身分認同，你彷彿就擁有了某種權杖，被允許具備某種能力、特質或權利，你的自我要求會符合這個身分認同的期待，當然也會展現能呼應這個身分認同的行為。

此時，你彷彿擁有了追求某項成就或超越某種挑戰的「資格」。特別，是在精神層面的身分認同。

溝通專家羅伯·迪爾茲透過其觀察、經驗與研究，開發出一套實用的語言邏輯系統「理解層次」，將心理關注的焦點分爲由下而上的六個層次。經「簡快身心積極療法」的創始者李中瑩老師改編後，分別爲環境、行爲/情緒、能力、信念/價值觀、身分認同以及系統等層次。

位居上層者包容了下層的內涵，對下層所屬者有較大的影響力。「身分認同」

的層級僅次於「系統」層級，顯見其具有龐大的力量，能夠左右一個人的價值體系、認知判斷、情緒感受與決策行爲。

身分認同的功用之一，便是讓我們感到內在心理與外在行爲和諧一致，而不需時常處在衝突與糾結當中，**穩定的身分認同能讓我們的行為有所依循，內心能有份安適感**。當一個人的身分認同是健康正向的，他將能過著積極正面的人生；反之，也可能把一個人推向自我破壞的窘境。

是誰為你種下人生中第一顆希望種子？

二〇一五年歲末最振奮人心的勵志電影，當屬由珍妮佛．勞倫斯主演的《翻轉幸福》莫屬了。

這部電影精采之處，就在於女主角喬依身爲單親媽媽，家裡的事情已經夠她煩了，但是她卻在創業路上一波三折，越挫越勇。從她覺醒的那一刻起，她拿回人生的主導權，從不放棄自己的發明美夢，儘管她有一拖拉庫的豬隊友拚了老命扯她後腿。

講到這群豬隊友，眞是夠了！喬依的四代家族人口複雜、關係糾結；她養家活口之餘還得伺候這些人、擺平他們之間的無理取鬧，這怎麼受得了？喬依究竟是怎麼挺過來的？

在喬依內心深處，一直相信自己是個不平凡的人。確實，喬依有著發明的天賦，只是從沒被人重視，長久以來也被自己忽略了。

明眼人都知道，豬隊友中不乏神夥伴。像是她的前夫、她的年輕好友；其中一個靈魂人物，戲分不重，卻以旁白的角色貫串全場，便是喬依的外婆。

就是那個從小就告訴喬依她很特別；在喬依失敗喪志時，要喬依千萬別放棄；永遠對喬依抱著希望，看好喬依終將是這個複雜大家族中偉大女性的人，正是喬依的外婆。

是外婆爲喬依種下第一顆希望的種子——幫助喬依建立起「我不平凡」的身分認同。這使得喬依能有如此堅韌的性格，即使前一天才萬念俱灰地質疑外婆對她所抱持的信念，第二天便依舊展現超凡的勇氣、意志與智慧，翻轉大局。

從人權律師布萊恩和《翻轉幸福》電影中女主角喬依的故事，我們不難發現，**那些足以影響我們一生心理素質的身分認同，來自於成長過程中重要他人對我們透過關係與語言的啟發**。

在你的生命中，是否有人爲你種下第一顆希望種子，建立起有意義且正向積極的身分認同？

有多麼希望，在我們還年幼懵懂時，我們的身旁，有那麼一個人，用溫暖又堅定地語氣告訴我們：「你是個特別的人！」

而我們會知道，他對我們是眞心且深具信心的。就是這份堅定的信念，將這句定義我們的話語，深深地植入我們的內在。不知不覺地影響著我們的人生，使我們成爲積極樂觀又擁有堅韌意志的人。

理解父母愛的局限

想一想，在我們的成長過程中，那些童年早期在我們身邊的人，是如何定義我們的？對我們日後的生活又有何影響？

也許你很幸福，生命早期所建立起來的身分認同足以帶給你內心無窮的力量；也許，你沒遇上這般幸運的事。無論如何，**我們都可以選擇重新建構自己的身分認同**。

更重要的是，當我們長大成熟後，得知道我們對孩子是擁有影響力的，在有了孩子，挑起父母這個重責大任時，可以讓孩子看到我們眼眸中對他們的愛，是純然的肯定、欣賞與信任的。**請時常用真誠、堅定與絕對信任的眼神，透過溫暖的語調，告訴孩子**：

「你很特別。」

「你是獨一無二的。」

「你擁有連你自己都不知道的巨大潛力。」
「你有資格愛自己。」
「你是值得被愛與尊重的。」
「你值得享有你內心所渴望的一切。」……

語言是充滿魔力的，會穿透孩子的內心，形成他身分認同的一部分，終將陪伴著孩子的一生，成為他追求人生幸福快樂的關鍵力量來源。

其實，不管父母如何對待我們，我們終究是長大了。父母帶給我們的，不管是好是壞，不管我們接受與否，都是父母用各種方式與我們連繫情感的結果。天下沒有完美的父母，都有自己的局限與不足，如果他們有任何令我們無法接受的地方，那是因爲他們不懂得用有效的方式對孩子表達愛。

同時，當我們逐漸長大時，必須明白，**自己的人生只能由自己來照顧，我們無法選擇父母愛我們的方式，但我們卻可以選擇如何在理解父母的前提下，重建自己的自我認同，將自己從自卑感中帶出來。**

自卑感曾經陪著你成長茁壯

所有的情緒感受都是有功能的，自卑感也不例外。

自卑，是在提醒我們與他人比較起來，尚有不足之處。適當的自卑感會激發我們去追求自我突破，獲取更多知識、技能與資源，邁向成長茁壯；同時也會讓我們有著自知之明，不做無謂的冒險與挑戰。這在原始叢林裡，在當時資源有限的世界裡，是相當具有生存適應功能的。

或許你沒有發現，長久以來，正是這份自卑感，陪伴著你更積極地學習，更努力地表現，而有了今天不凡的成績。在許多與人互動、競爭或挑戰的情境中，自卑感或許使你退卻不前、猶豫不決、喪失良機；然而，不可否認的，自卑感也保護著你，讓你免於承受更大的挫敗、失望與創傷。

當我們能看到自卑感的正向價值時，我們便能用適當有效的方式因應自卑這份情緒。**與所有負面情緒一樣，我們首先要做的，就是允許自卑的情緒感受如實地發生，如此，你才能拿回持續用在對抗自卑感的力量**。

換句話說，我們可以大方地對自己承認：「是的，我確實感到自卑！」「是的，我就是覺得自己不如人！」「沒錯，我感覺到自我價值低落！」「真的，我常覺得沒有資格去做某些事情！」

同時，我們也在告訴自己，沒有人是完美的，沒有人能夠樣樣都是佼佼者；如影隨形的自卑感其實是在驅策自己成長突破，同時也是在保護自己免於挫敗。當然，我們也會知道，**我們真正缺乏的只是內在力量，而不是個人的價值、能力或資格**。

因爲，人生來就是有價值的，擁有過著成功快樂生活的資格，並且具備因應任何生活挑戰的能力。

重新為自己建立起新的身分認同

情緒本身從來不是問題，造成問題的往往是我們因應情緒的方式。當自卑感出現時，我們是如何因應自卑感這份令人不舒服的情緒感受呢？

如果，你因爲內心自卑而時常對他人做出討好的舉動，透過過度照顧或取悅他人等試圖讓別人開心的方式，來證明自己的價值與重要性，而削減內心自卑的痛苦，那麼，你只會感到精疲力竭卻又挫折連連，因爲，你不可能討好所有的人。

如果，你因爲內心自卑而時常需要虛張聲勢，在與人互動時，刻意透過強勢的肢體，高亢的語調，以及咄咄逼人的言詞，總想把他人給壓下去，用虛構出來的力量來顯示自己在他人眼中是不凡的，以掩飾內在空虛的自卑感；那麼，久而久之，你不但得不到他人的尊敬與認同，反而更使你的內在力量消耗殆盡。

事實上，我們不需要把自卑感趕走。我們允許它存在，可以保留著它的功能，同時，把原來用在對抗它的力量拿回來，放到重新建構新的自我認同上，發展出自信與自我價值感。

許多人選擇透過不斷學習來自我提升，透過工作表現來證明自己的重要性。增加自我價值的途徑，便是從實做中獲得成就，因爲看到自己的進步成長而自我肯定。

然而，終其一生，我們都在尋求父母肯定的眼神，父母的肯定帶給我們力量，父母的話語決定了我們如何自我認同。因此，當我們長大後，我們需要自己成爲自己的父母，如同父母一般地肯定自己。

在〈談委屈〉那一章中提到，我們可以**「重新做自己的父母，成為自己愛的補給來源」**。一樣的，不論在何種情境中，每當發現面對挑戰的內在力量不足，一種「我不如人」的自卑感油然而生時，請用堅定而溫暖的語調，對著自己的內心說：

> 謝謝你！辛苦了！
>
> 謝謝你，一直用這樣的方式支持我，驅策我持續努力，同時也保護我免受挫敗。
>
> 現在，我已經長大了。我早已具備足夠的能力去面對挑戰。
>
> 更重要的是，我知道我生來就是有價值的，在眾人之中是獨特的，擁有充分的資格去過成功快樂的人生。

就好像幼年時期，父母在我們的耳邊低語呢喃一般，說出了對我們的肯定，同時重新建立起自我的身分認同。

簡快自助技巧 借未來成功經驗法

自卑是一種在與人相比之下內在力量不足的感覺。如何爲自己的內心增添一些力量，讓我們帶著足夠的力量面對挑戰，因勇於嘗試而自我突破，因表現更好而自我肯定？或許可以嘗試與未來成功時的自己對話。

①找一個無人打擾的安靜地方，想像一個未來成功的自己就站在眼前，時間可以自行設定，也許三年後、也許五年後，也許十年後。

②眼前這個未來成功的自己，已經達成了你夢寐以求的目標，正過著你理想中的生活。請仔細看看他的樣子，包括身材、表情、穿著、神色，現在正在什麼地方、做些什麼，手上拿著什麼東西，以及身

旁的人有誰？

③一步一步地走近未來的成功自己，慢慢地與他結合在一起，同時，試著去經驗他所經驗到的一切。透過他的眼睛，看到他所看到的；透過他的耳朵，聽見他所聽見的；透過他的身體與內心，感受他所感受到的。同時，讓自己沐浴在成功的喜悅與成就當中。

④面向剛才你所站的位置，想像現在的自己就站在那裡。對著現在的自己說：

謝謝你！因為過去有你的努力與支持，才有現在的我。

因此，你是獨一無二的，你可以做到你想做的一切。

以及一些想對現在的自己說的話語與祝福。

⑤站回現在自己的位置，重新聽一遍未來成功的自己對現在自己所說的話語，想像這些話語就像一道光似地從對面發射過來，進入自己

的胸前。敞開胸懷，迎接這道祝福與能量的光進到自己的身體裡。

⑥當這些充滿能量的光源源不絕地進入自己的身體時，大口地吸氣，想像這些能量在身體裡蔓延、擴充，同時感受到自己的內在充滿了力量。

後記
何必跟情緒拚個你死我活？

有一隻小白兔，有天來到中藥房，對著老闆問：「老闆，請問有沒有胡蘿蔔？」老闆很納悶，回答說：「這裡是中藥房，怎麼會有胡蘿蔔？去、去、去，快別煩我！」

小白兔被趕走了。第二天，又回到同一家中藥房，開口問：「老闆，請問有沒有胡蘿蔔？」老闆心想，又來了，大手一揮：「哪有什麼胡蘿蔔，快回去！」

第三天，小白兔又到了中藥房，敲敲門，朝著裡面問：「老闆，請問有沒有胡蘿蔔？」

這下可把老闆惹怒了，指著小白兔說：「就跟你說沒有胡蘿蔔，到底要問幾次呀！再問，我就把你的嘴用剪刀給剪爛！」

小白兔嚇得飛奔離開。隔日，躡手躡腳地又到了中藥房。

「老闆，請問有沒有賣剪刀？」小白兔輕聲地問。

「沒有！我這裡是中藥房，不賣剪刀的。」老闆回答。小白兔於是瞪大眼睛：

「那麼，請問有沒有胡蘿蔔？」

小白兔爲何一而再、再而三地到中藥房裡去找胡蘿蔔，儘管老闆告訴牠這裡沒有胡蘿蔔？

凡是一再重複的行爲，必定有其功能，或者曾經爲個人帶來某些好處。顯然，小白兔曾經在過去的某個時候，在中藥房裡找到過胡蘿蔔。

人的行爲就是如此。過去曾經有效，或帶來幫助的作法，就會被保留下來，重複地在類似情境中一再出現，形成一種特定的行爲模式。

面對負面情緒，我們也總會發展出一些因應行為，用來減緩或去除負面情緒帶來的痛苦或影響，一旦發生效果，往後只要出現類似的情緒，相同的因應模式便會自行啟動。

然而，過去有效的因應模式，不代表一直都有效；有時候不但已無法帶來幫助，甚至還衍生出其他的困擾。這就是本書中不斷強調的，**情緒本身永遠不是問題，有問題的常是我們應對情緒的方式**。

如果我們沒有帶著自覺，去發現這一再重複且無效的模式，同時知道自己是如何堅持讓困擾一再地發生，我們是永遠無法跳脫出這無限循環的迴圈的。正如前述的小白兔，冒著嘴巴不保的風險，也要到中藥房裡找胡蘿蔔一樣。

如何覺察並中止這反覆出現卻又無效的因應模式？**我們得別把情緒當作敵人看待**。情緒不論正向或負向，爲我們帶來的是歡喜或痛苦，都沒有好壞之分，優劣之別，只不過是要傳遞給我們一些重要的訊息。

讓我們簡單回顧一下本書所提及的十個負面情緒的正向價值吧！你會發現，**情緒總是在保護著我們，支持著我們，讓我們有力量得以避免更大的威脅，或者提醒我們做出改變，讓結局不同**。**所以，情緒總是為我們人生而服務的**。

愧疚——提醒我們疏忽了遵循人際相處時應有的互惠與公平原則，需要做點事情去彌補。

委屈——提醒我們處於一個沒有被合理對待的情境中，需要主動去爭取更多、更好的資源。

嫉妒——提醒我們擁有的比他人少，需要更加努力提升自我。

後悔——告訴我們原有的決定行不通，該轉向了！

孤單——提醒我們需要為目前的生活建立起有意義的人際連結。

恐懼——提醒我們危機當前，該換個方式去因應威脅。

憤怒——面對威脅、冒犯與傷害時，給予我們強大的力量去抵禦、反擊或獲取我們想要的結果。

憂鬱——提醒我們讓疲倦的身心好好休息，讓內心的傷痛自我修復。

失落——提醒我們學會更加珍惜身邊的人、事、物。

自卑——提醒我們與他人比較起來，尚有不足之處，帶給我們自我突破的力量，也保護我們免於更多挫敗。

一旦我們能夠肯定每個負面情緒中的正向價值時，我們便能夠靜下心來好好地瞧瞧，情緒究竟要告訴我們些什麼，並且從情緒中學習。而當我們允許情緒有個存在的空間時，我們便能將原本用來對抗情緒的力量給收回來，用在眞正能解決困境或使人生更加提升的事情上。

如果我們總想著怎麼去對付壞心情，不論是遮掩、壓抑、否認、消除或淡化負面情緒，都是在用自己的力量去對抗原本對我們的生存有益的身體智慧。結果是，往往痛苦沒有解除，還更加感到無力，甚至把生活弄得一團糟，因爲我們正在自我消耗。

身爲心理助人工作者，我總想著如何讓案主在出了會談室的門時，感覺更加好一些。

很多時候，我會使用一些特別的方法，包括你在本書中閱讀到的每一個「簡快療法」的技巧；而更多時候，我只是傾聽案主的故事，偶而說出我對案主內心狀態的理解，也就是表達同理心，如此而已。

案主會在結束會談前告訴我：「說出來，感覺好多了！」

然而，如果光是「說出來」就能讓人感覺好多了，那麼，案主在家裡對著鏡子說話就好了，何必去找助人者談話呢？

真正使案主感到痛苦減輕的，其實是——**有個人能夠充分理解自己的苦**。這份理解的過程，就包含了看見案主內心各種糾結的情緒，幫助案主將這份感受說出來，同時也肯定這些情緒確實存在。

這便是有意義的人際連結中，人與人之間最深奧也最簡單的互動原則。

常常遇到一些人，在參加了我的演講或工作坊後，透過電子郵件詢問我，如何解決自己長久以來內心的痛苦。他們不願意去接受心理諮商，生活中也缺乏有意義的人際連結，只想找到一個快速有效的方法，解決惱人的情緒困擾。

我能給出的最佳建議，便是**請他們成為那個願意傾聽自己故事、理解自己心情的人，也就是，與自己建立起有意義的人際連結**。

只要願意接受自己，時時理解自己，即使帶著傷，我們也有力氣往前走，又何必跟情緒拚個你死我活呢？

從醞釀到完稿，這本書共花了半年多的時間撰寫。我盡可能地從各種角度去探討這十個情緒，每寫完一篇，生活中總會剛好有與文章中所提到的狀況相當類似的人，出現在我的身旁。可能是我服務的個案，可能是我課程中的學員，也可能是我身旁的朋友；此時，我多麼希望能讓對方趕快讀到這些文字。因爲我知道，這對他們有幫助。

於是，在完稿的最後階段，我日益深信，這本書確實能夠幫助到一些正處於情緒風暴中的人們。而其中，受益最大的人，便是我自己。

每一次的書寫，每一次的閱讀，都在提醒著自己，如何允許情緒的存在，並與情緒和平共處。我正在生活中落實著自己所倡議的概念與精神，而我也確實發現了自己的轉變。

謝謝《我的少女時代》這部有著屬於六、七年級共同回憶的電影，讓我得以寫出一篇在網路上瘋狂分享的文章，亦使得出版社的企畫與編輯找上了我，讓本書有了問世的機會。

行文至此，要感謝的人眞的很多，請容我不一一提及。如果這本書中的某個概念、某個案例，或某段文字能夠觸動到讀者，對讀者帶來一點點正向的影響，你們都是功不可沒的一群人。

Eurasian Publishing Group
圓神出版事業機構
用心與你對話．網野無限寬廣
究竟出版社
Athena Press

www.booklife.com.tw　reader@mail.eurasian.com.tw

心理 031

此人進廠維修中！：為心靈放個小假，安頓複雜的情緒

作　　者／陳志恆
發 行 人／簡志忠
出 版 者／究竟出版社股份有限公司
地　　址／台北市南京東路四段50號6樓之1
電　　話／（02）2579-6600・2579-8800・2570-3939
傳　　真／（02）2579-0338・2577-3220・2570-3636
總 編 輯／陳秋月
專案企畫／沈蕙婷
主　　編／王妙玉
責任編輯／王妙玉
校　　對／林雅萩・王妙玉
美術編輯／李家宜
行銷企畫／吳幸芳・凃姿宇
印務統籌／劉鳳剛・高榮祥
監　　印／高榮祥
排　　版／莊寶鈴
經 銷 商／叩應股份有限公司
郵撥帳號／ 18707239
法律顧問／圓神出版事業機構法律顧問　蕭雄淋律師
印　　刷／祥峯印刷廠
2016年6月　初版
2022年11月　11刷

定價 250 元　ISBN 978-986-137-222-8

唯有靜下心來，允許這些情緒存在，
讓不斷對抗情緒而故障受損的心靈「暫時停機」，
進廠審視檢修一下，
我們才能眞正聽懂情緒傳達出來的訊息，
看到自己是如何一再重複那無效的「情緒因應模式」。

——陳志恆，《此人進廠維修中！》

國家圖書館出版品預行編目資料

此人進廠維修中！：為心靈放個小假,安頓複雜的情緒 / 陳志恆著.
-- 初版. -- 臺北市 : 究竟, 2016.06
248 面；14.8×20.8公分 --（心理；31）

ISBN 978-986-137-222-8（平裝）
1. 心理治療 2.情緒管理

178.8 105006571